Worldwide

"Diabolically addictive."
—*New York Post*

"A puzzling global phenomenon."
—*The Economist*

"The biggest craze to hit *The Times* since the first crossword puzzle was published in 1935."
—*The Times* of London

"England's most addictive newspaper puzzle."
—*New York* magazine

"The latest craze in games."
—BBC News

"Sudoku is dangerous stuff. Forget work and family—think papers hurled across the room and industrial-sized blobs of correction fluid. I love it!"
—*The Times* of London

"Sudoku are to the first decade of the twenty-first century what Rubik's Cube was to the 1970s."
—*The Daily Telegraph*

"Britain has a new addiction. Hunched over newspapers on crowded subway trains, sneaking secret peeks in the office, a puzzle-crazy nation is trying to slot numbers into small checkerboard grids."
—Associated Press

"Forget crosswords."
—*The Christian Science Monitor*

Will Shortz Presents
The Super-Colossal Book of
SUDOKU

Also Available

Sudoku Easy Presented by Will Shortz, Volume 1

Sudoku Easy to Hard Presented by Will Shortz, Volume 2

Sudoku Easy to Hard Presented by Will Shortz, Volume 3

The Ultimate Sudoku Challenge Presented by Will Shortz

Sudoku for Your Coffee Break Presented by Will Shortz

Sudoku to Boost Your Brainpower Presented by Will Shortz

Will Shortz Presents Sun, Sand, and Sudoku

Will Shortz's Favorite Sudoku Variations

Kakuro Presented by Will Shortz

Will Shortz Presents Easy Kakuro

For Sudoku Lovers: 300 Puzzles in Just One Book!

The Giant Book of Sudoku Presented by Will Shortz

Will Shortz Presents The Monster Book of Sudoku

Try These Convenient, Portable Volumes

Pocket Sudoku Presented by Will Shortz, Volume 1

Pocket Sudoku Presented by Will Shortz, Volume 2

Pocket Sudoku Presented by Will Shortz, Volume 3

Pocket Sudoku Presented by Will Shortz, Volume 4

Will Shortz Presents
The Super-Colossal Book of
SUDOKU

300 WORDLESS CROSSWORDS

EDITED BY
WILL SHORTZ

PUZZLES BY
PZZL.COM

ST. MARTIN'S GRIFFIN
NEW YORK

The puzzles in this volume have previously appeared in *Sudoku Easy Presented by Will Shortz, Volume 1; Sudoku Easy to Hard Presented by Will Shortz, Volume 2; Sudoku Easy to Hard Presented by Will Shortz, Volume 3; The Ultimate Sudoku Challenge; Sudoku for Your Coffee Break;* and *Sudoku to Boost Your Brainpower.*

www.stmartins.com

ISBN 0-312-36270-6
EAN 978-0-312-36270-6

10 9 8 7 6 5 4 3 2

Introduction

More than a century ago the great American puzzlemaker Sam Loyd listed four minimal criteria a puzzle must have in order to spark a craze: The invention must be "entirely new," its name must not bear the slightest resemblance to anything that has gone before, its object must be evident to the average person at a glance, and the thing must be so engaging that it "will make a person study over it until he is mad with himself."

By these criteria, sudoku has all the makings of a craze—which, in fact, it has become during the past year worldwide. The idea is so simple that it can be explained in a sentence. Nothing like it has ever been seen before. The very name "sudoku" (pronounced "soo-DOH-koo," and meaning, loosely, "single number" in Japanese) is exotic and appealing. And as nearly anyone who has tried sudoku will attest, the puzzle is utterly addictive. When you finish one, you immediately want to do more—better and faster. Moreover, you can spend weeks doing sudoku and not understand all the subtle solving strategies. Even for experts it remains mysterious and fascinating.

This book contains 300 sudoku puzzles carefully calibrated for difficulty and arranged in approximate order of difficulty, from very easy (#1) to brain-bustingly hard (#297). The last three (#298–#300) are giant sudoku and themselves range from easy to hard.

All the puzzles can be solved using certain step-by-step logic. You never have to guess and hope the path you have chosen is correct.

The sudoku puzzles in this book were created by Peter Ritmeester and the staff of PZZL.com, an Internet-based company specializing in puzzles and games. Peter is the general secretary of the World Puzzle Federation and a onetime director of the annual World Puzzle Championship, which is devoted mainly to logical puzzles like sudoku.

Now, if you're ready, get out a sharpened pencil with an eraser (you'll need it), and have at it!

—Will Shortz

How to Solve Sudoku

A sudoku puzzle consists of a 9 × 9-square grid subdivided into nine 3 × 3 boxes. Some of the squares contain numbers. The object is to fill in the remaining squares so that every row, every column, and every 3 × 3 box contains each of the numbers from 1 to 9 exactly once.

Solving a sudoku puzzle involves pure logic. No guesswork is needed—or even desirable. Getting started involves mastering just a few simple techniques.

Take the example on this page (in which we've labeled the nine 3 × 3 boxes A to I as shown). Note that the boxes H and I already have 8's filled in, but box G does not. Can you determine where the 8 goes here?

5	8	6					1	2
			5	2	8	6		
2	4		8	1				3
8			5		3		9	
			8	1	2	4		
4		5	6		9	7	3	8
	5		2	3			8	1
7				8				
3	6	8			5			

A	B	C
D	E	F
G	H	I

The 8 can't appear in the top row of squares in box G, because an 8 already appears in the top row of I—and no number can be repeated in a row. Similarly, it can't appear in the middle row of G, because an 8 already appears in the middle row of H. So, by process of elimination, an 8 must appear in the bottom row of G. Since only one square in this row is empty—next to the 3 and 6—you have your first answer. Fill in an 8 to the right of the 6.

Next, look in the three left-hand boxes of the grid, A, D, and G. An 8 appears in both A and G (the latter being the one you just entered). In box A, the 8 appears in the middle column, while in G the 8 appears on the right. By elimination, in box D, an 8 must go in the leftmost column. But which square? The column here has two squares open.

The answer is forced by box E. Here an 8 appears in the middle row. This means an 8 cannot appear in the middle row of D. Therefore, it must appear in the top row of the leftmost column of D. You have your second answer.

In solving a sudoku, build on the answers you've filled in as far as possible—left, right, up, and down—before moving on.

For a different kind of logic, consider the sixth row of numbers—4, ?, 5, 6, ?, ?, 7, 3, 8. The missing numbers must be 1, 2, and 9, in some order. The sixth square can't be a 1, because box E already has a 1. And it can't be a 2, because a 2 already appears in the sixth column in box B. So the sixth square in the sixth row has to be a 9. Fill this in.

Now you're left with just 1 and 2 for the empty squares of this row. The fifth square can't be a 1, because box E already has a 1. So the fifth square must be a 2. The second square, by elimination, has a 1. Voilà! Your first complete row is filled in.

Box E now has only two empty squares, so this is a good spot to consider next. Only the 4 and 7 remain to be filled in. The leftmost square of the middle row can't be a 4, because a 4 already appears in this row in box F. So it must be 7. The remaining square must be 4. Your first complete box is done.

One more tip, and then you're on your own.

Consider 3's in the boxes A, B, and C. Only one 3 is filled in—in the third row, in box C. In box A you don't have enough information to fill in a 3 yet. However, you know the 3 can't appear in A's bottom row, because 3 appears in the bottom row of C. And it can't appear in the top row, because that row is already done. Therefore, it must appear in the middle row. Which square you don't know yet. But now, by elimination, you do know that in box B a 3 must appear in the top row. Specifically, it must appear in the fourth column, because 3's already appear in the fifth and sixth columns of E and H. Fill this in.

Following logic, using these and other techniques left for you to discover, you can work your way around the grid, filling in the rest of the missing numbers. The complete solution is shown below.

5	8	6	3	7	4	9	1	2
1	3	7	9	5	2	8	6	4
2	4	9	8	1	6	5	7	3
8	7	2	5	4	3	1	9	6
6	9	3	7	8	1	2	4	5
4	1	5	6	2	9	7	3	8
9	5	4	2	3	7	6	8	1
7	2	1	4	6	8	3	5	9
3	6	8	1	9	5	4	2	7

Remember, don't guess. Be careful not to repeat a number where you shouldn't, because a wrong answer may force you to start over. And don't give up. Soon you'll be a sudoku master!

Will Shortz Presents
The Super-Colossal Book of
SUDOKU

		8		4	2	1		
3	9		8				4	
				5				
			6					9
8		2						
		6	2		5		3	1
		4		9		5		
			7	1			2	

		5	4				8	7
		3	2					
				7		3	2	9
					5	6	1	
				9	6			
	3	1						
	2		6		8			
		8						5
1	5	4			2		9	

	1		2	7			6	
4	5				9		8	
3	6							
		9					4	7
6				3			9	
2				8	4		3	1
						4		8
	8		4			9	7	2
				9	8		5	6

	3	2			8	9	1	4
								3
		7	1				2	6
		8		7	6			
9	2	1	3				8	7
	6					4		
				4		5		8
8			6		7			

	2			5	6	3		
5		7		4	3			
3		1		9		7		
		3	2		5			7
	1	2	3			8	4	
6		8			7			2
			9			5	7	6
1	9				8			
		6	5	3	4	1		

4	1			5	9	3		
					1	2		
8	2					9		
		8		2	4		9	
		1			5			3
6	9			1	7			2
5						4	7	
			9	4		5	2	
								6

				3	4			
7	6							5
				6	9	7	2	
			3					
4					8	3	6	1
1	7			2			8	4
			8		6			7
							5	
	2				3	1		

8 Light and Easy

	9	5		1	6		2	8
			2					9
2	7				9	4		
			6		8	5		
		2		5		8		
5		8				6	7	1
	2	9	5			3	6	
8			9	6				7
6		7	1	2				

9							7	8
7					2			3
4			6					1
				1		2		
			7			9	3	
8	9							
2					6			
			3	2			4	
	3	5			7		6	

9	3						4	
		8			9	1		2
2	6		5	1		3		
		3	2		5	6	1	7
							9	
1						2		
				4				
7				8	6	5		
	4	6				8		

8		2		5	1			
	7	6	3	8				
		9	4			5	3	1
			8	1	5		6	
	4							
	2				9	1		
			1		6		4	
			7					

	9		1				4	
	4			6				2
7		1	9		3			
		7	2				8	4
		9	3		4	2		6
	8	2					3	1
			5		2	6		
				9		3		7
8	3	5			1		2	

							6	
		7	9	3		5	4	2
	3		2			9		1
5	9		8			3	1	7
3	8			6				4
				5		6	9	
1	5	2						
	4		1			8		6
9		8		7	2			5

Light and Easy

		3		5			6	
8							3	
4			7		3	5		8
1				2	4	3		
3	6	4						
7				1				
				7				
			5		1		2	
5	7			6	9			

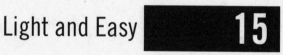

		4	8		7		9	1
6	3	1		2			8	
					4		5	
8	4		5					
3		2	4			5		
9		5					6	
				3		6		5
5		6		4			1	
		3	6	5	2	7	4	8

	4	5		9		8		
2	9		3					
3				7				
	5			3				
4			8	5				1
		8	5		6	4	9	
						1		8
1						7	3	

5		1			9			
4			7		2			5
8	9	7		5	6		4	1
7		8				5		
				4	7	3		8
	5		9	6				
	7	2	8	3	4	6		9
3					5		1	7
			6	7				

18　Light and Easy

1	6		8					5
5		4			6		9	
	2	9			7			
	5							
			7	3	9	1		
2		7		6				8
					8	2		4
9								
	3	5				6		

	1			2		5	8	
					7			
		3	5		9	4		
	3	1	4					6
		7		1	5			
		2	3					
3			7			8		
						6	9	
	5		2					7

Light and Easy

			1	8				
2	6		7	5		8		
	9			4				1
	3				8			6
	7		4		1		2	8
4	8		3	2	5	7	1	
8			5			6		4
3			2					7
	1	7				5	9	

	6				1	3		
	5		6		9	1		
			5	2			7	
					2	6		7
5	4	8			7	2		
			9	1	8		5	
6								2
		5				7		
9	1	7					6	8

				6				5
							9	6
	3						4	7
9	7				2		5	
3	8			9		6		2
				1				9
			2		1	8		
2			7					
		7		4				3

		6		4		5		2
7	5	8	3			9	1	4
1				5			3	6
4	3	2			6			
					4	1	6	
				9	7			3
8		5					9	7
2			9	8		6		
9		3	4	7	5	2	8	

24 Light and Easy

				9	6		7	1
	1		8					
9				7		5		2
			4	5		9		
1		5		3	7	2		
					9			
8		4	3					
	2			8			6	4
7				4				3

6	4			1	3	9		
1				2	6	4		
	2	9		4	5	7		
		2				8	3	
8	6			3	7		1	9
7			2		9			
		1	3			6	9	
9	3	6	4		8		2	
		5						

26 Light and Easy

		3	8		2		6	
4	6			7	1			
	9	1		6	3		4	7
	3	5						9
8	2	7		5				
							7	
	4	2	6			7		
				2			8	4
5	8						3	

					8			
	2	5			9	4		
			3		2	9		
	5	1						9
				1	3			
3				8		5	6	
5				3	1			4
		3			5	1		
	9	4	6					

							8	6
9						7	5	1
2	6	5		7				
		9	8					
8	7	6			3		4	
		3					1	
5	9	2	4		1	8		3
	4					1	9	5
3		1	5				6	

3	2			5	1	8	7	
		9		2				4
	4		9		7	3	2	6
						2		
		2			8		3	7
7			2		9			1
2	6		7				4	
9	3	7			6		5	
4	1		3				6	

30   Light and Easy

			9		3			1
	6							
	2	4			6	8		
1			7		4			
	4	5					6	
7	9				2			3
	5		6				3	
2	1			3	5			6
		3	1	7				4

				1	7	2	3	
		4		5				8
1			8	9	3	6		
		5				7		
		3	7					1
7	4	1	2	8		9		3
4								6
		6		2	1	8		
	3	2						

Light and Easy

	6			7	3	8		4
		5				9		7
	4				2	6		3
	1			9	7		8	
5		3				4	9	
6	9		2	5	4		7	1
7		4		3				
2					6		3	8
	3	6						9

1			7		9	8	5	
				1		4		
			3	2		6		
8		1			2	5	6	
6	7		8			1		2
	9		6		1			
5		2						7
						3	1	6
				6	7			

9	4	1		3			7	2
5	6			4	9			
		2						
		5		6	4	1		8
4								3
	1	8		7		9		6
	7	3	6	2	5		9	
8		9		1	7	6		
						2		7

5	4							
			7					
					1		5	6
	7						3	
		1			9			2
8		5						
4	9				5		8	
	3	2	9			4	7	
			6					9

36 Light and Easy

	4		6			5	1	
					1	2		
				7			9	4
6		1	4			7		
8			2	9				
3		2			8	9		
2	1				9			
	3		5		7			
		5		2		8	7	3

8							9	3
9		7	2		6			
6	1				3			
2			3		5	4		9
1		3	4		2			5
7		4		6				
			6	9	7	5		4
	7	6		2				1
5	2	9	1	3				6

	8	9		7		1		
		1				6	7	
5				8				
	9	7			5	4		3
				3	8			5
	5			2		9		1
6						3	4	
			1					
		8						

				3	1			5
			4					
7				8			9	
4				1		2	3	7
2								
	8	1				6		
9		2			3		5	
3				4	2		8	
	7							6

8			7					4
3						5	2	6
				4			1	
1					5	3	6	
							7	8
				8				5
			6	1				
6	2				4			
		9	5		8			

		7				9		5
	5		1	9	7	3	8	
9	3			2		1		7
		9	5	8	4	2	1	3
		8	3	7				9
			6					8
	8	5	2		6			
4			7			6		
7	6	2	9	5		8	3	

4			8	9	3	2		
	2		1		4		3	
	9			2	6	4		5
		8			9		5	4
			3		1	7	2	8
3	7				5	1		
	3	9					1	7
	8	6						
		1				9		2

7			3			9		
	9		6					
	6	3				4		
1			8				2	
			5	7	1			
				6		8		
		4						5
		2		8			4	
5				9		3	1	

44　Light and Easy

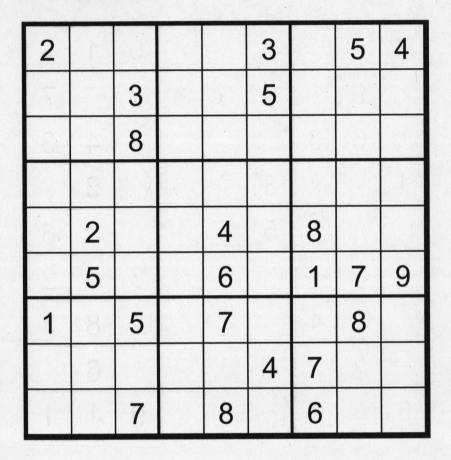

		2	7		4		1	
		3	6	1	8	5		7
	7						4	3
	6			9	3		5	
4	5							6
			4	5	6	7		2
				4		2	8	
	2				9		6	
	3		5		2	9		1

	8				7	6	1	4
6			4	3	1	2		
5	4						3	
1	6			2			9	
	7			1				
			6		4			1
		4			5			
			9		3	1		8
		3				9		6

		8	9	6	5		7	
1						3	5	
				7		9	2	
5					8	1		3
					2			4
8	6							
		1			9	6		2
6	4		3		7			
9			8				4	5

9		8	3			7	4	2
	4		5	8			9	
2				7		1		8
		6	2	9	4	8	3	
4	8							1
3	7		6		8		2	
	3			5	6			
6			1				8	3
	2				3		1	5

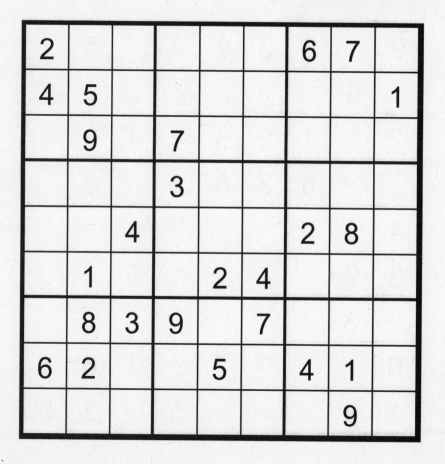

7		2	3	1	9		5	
	5				4	2		
	3	1	2	5		4	9	
		4	5	6	2		3	
	1				7	8		
3	9				1	5		
						3		
				2		1	6	4
1			4		5		2	9

			8					6
6		4	3		2	1		
	1						4	
4	3							
			7	2				
	7	5						
9	4						8	
		6		5				
		2			1	3	9	

52 Light and Easy

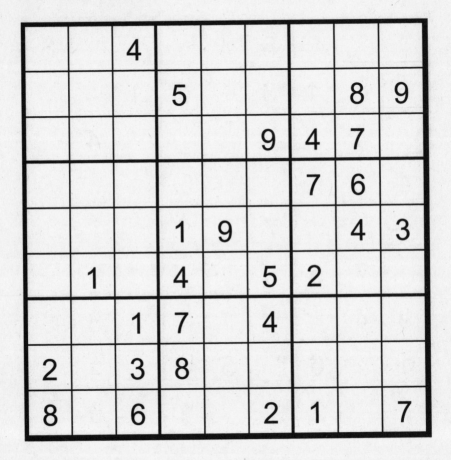

5			9	3				1
	9			6	8		7	2
	2		5			9		
		8		7				
	6	9			4	7	1	3
	1		2	9			8	6
1		2		8				9
8	7	3			9		5	
			3				2	7

	5	1						2
7	2							
6	3	9	4					
2	9		1		6	8		4
8				5		1		6
1	6	4		2	7		3	
5		7	3			2		
		6			1	7	5	9
9		2		7				8

			9		6		8	
9	1			5		3		4
3		6						
		1		2	7	6	4	3
	4		3	6	5	2	9	
	3		1			5		
	8		6	1			2	
	5					9		6
2		9	5	4		8	1	

56 Light and Easy

9	6	7			4	8		
	5		6			3		
8				9		5		6
	1	9		6		2		8
		8	2	1	9	7	6	
7		6	3					
				4				
3		4	7	5		6	8	
					6	4	9	

		9			3		6	4
4				6		1		3
8								
							7	9
5		8						
2	9							
		6	2		7			1
		7	3	5				6
9				4		2		

Light and Easy

7	5	2						
	9			7			2	
							6	1
	2	4						
				8				
		1					9	5
		8		5	7	3		
			4	9		6	5	
	6						1	

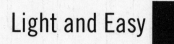

			6			5	2	
				5	7	3		1
	7	8		2			6	
	5			1		2		
		6	9				1	
9	2							
3	9		5		1	4		6
				7				
8								2

60   Light and Easy

1			7				8	4
3	2	4	8	1		5	7	
	5	8		4	9	1		
	4	6				7	1	
				8		6	3	
5	3		2		1			8
		1		3		2		
	7		1		4			3
				7	8	4		

5					3			6
		3		5	2		1	
			8		4			
	1	9	2			7		
					5		4	
		2	4			8	3	
	8					4		
				8	9		2	7
7							9	

	9				5	6		
	7			8		3		2
	5	3		6		8	9	
5	1	2	4				3	6
7			5				8	
9					1		2	5
1		7		5	9			3
3	2		6	4		5		
8	4							7

	3	5						6
							8	
8						7		
		1		7	9			
	2			5	8	3		
	7		6			4		
9	1			8	5			2
			1			9	7	
5				4				

4		7						
							3	
	2	3						5
			3		9			8
6					5			4
				4	8		2	7
			9		7	5	8	
	8		2			4	9	
5		9		3				

		2	8	7	9		4	5
		7			4	9		
			2	6		8	7	
7	5						1	
9				5				7
3	8	6	7				5	
	6					1		2
	7	8	6			5	9	
	4	9	1	8	5			

9	3		2				8	6
	8					4	5	7
4	7			6		9		2
			4	7				3
						6		
5		9	1	8		2	7	4
1		7			4			9
					2			1
6				9		3		

	4			3	6	5		
	7		4	1				6
	3	2	7		5		1	
		4		6				5
2			3		8		7	
	1	8			9			
9		7		2	4			
	6	3		5	7			
5			6			7	4	9

1	3		9	5				4
2			1	4		9		5
4	5		7				1	2
5	8	7	4	3				
				1			3	7
3			2	9				
	2	4	3	7			5	6
				2		7		9
			6			4	2	3

	3	5	4	7	9	2	8	1
	8			6		3		7
					1			5
					8		2	3
			1	9	2	4		6
	2	7		3		8		
	1	3			7		9	4
7			8		6	5		
	6					7		8

Light and Easy

6		5	4	2		3	1	
					7			
		8	6	3			7	5
8					6	7	4	1
9			5	1		8		6
2					4			3
7	8						9	2
	9	6	8	4				7
1							8	4

	6						1	2
		9	2			4	8	
			6		1	3		
5	3		4					7
	8				9	6		
	4			5	7	8	2	
4		3						
8	1	5	9		3			

5			9	2	4			6
	9					5		4
4	6		3		8	7		
8				3	2		7	9
				9	1	4	5	8
	7		4			2	1	
	8			4		1		5
1	5	9						
2	3			1				7

5		7				3		
			2				5	
2		3		9		1		
	2		7	5		8		
	9				4		6	
1				8				
3			5					1
					3			
4					1	9		5

Light and Easy

	9							
	8		1	5		2		
5	7	2		3	9			1
3	2	5	6	8			1	
	1			2			3	
9			3		1	8		
		1	7		8	3	2	6
7			4		2			
	6					9	4	

	3			7		1		6
1	5	6				7		
	2		6		5		9	
7		8		4			1	
	4	1			9	3	8	7
5	9		1		7			
3		2	4					
6		5		9			2	8
9		4			1		3	5

Light and Easy

					1			
		5				2		1
			6	5				4
8	3					5		
				8	9		6	
				6				
	5			3	2	6		
4					7	8	3	
		9					4	

	1			7			6	
2		3			4			
7	6	9			3			5
6	5		3					
		1		9		6		
					7			
		5					9	
				1		2		6
	2		9			8		7

78 Light and Easy

		8		3		7		2
	6						9	
					4	3	1	
				5	9			7
			8				3	5
		9			1			
			6	1			8	9
		1		7			5	
8	3		2					

			3	1			4	7
						6	3	5
5	4			7		8		
	2				6			3
				8				
	1		5				6	9
1			9	3	8	4		6
					1		5	
2	8	6		5	7			1

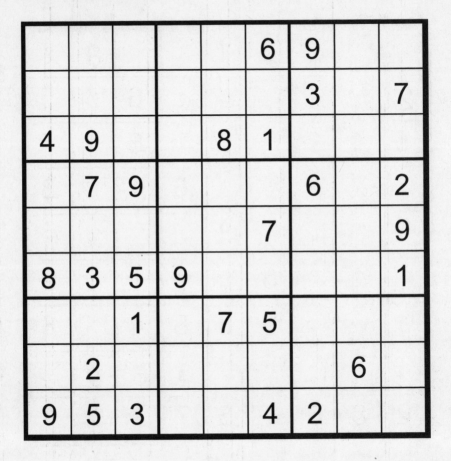

			3				8	
2		9	6					
				5		4		
		2	7	6		8		4
	7		8				3	6
					5	1		
5	6							
					4	6	5	
7	9			8			2	

Light and Easy

7	1		5		4			
5		6		2				8
	4					5	7	9
	3			4			1	
6	5							2
9						3		
			1				9	4
	2			3	9	1		

	2	5		6		8		7
			5					
9		7	8	2				
		6	4		5	9	8	
	1	4		3				
3	5		2	8	7		6	1
	8		7		6			2
7		3		4			9	
	9			5	8	7		

84 Light and Easy

				8			3	5
	4			7	5	1		9
					1		2	
9	8		5	2	7	6		
7			8				9	
	3	5	1	6		2		
1		7		3	2	4		6
		2					5	7
8		4			6			2

			9	3		2		
					6		7	1
6			3	8				9
3		5		7				
		4	2					6
								4
7	8			4				
	1			2		3	5	

		4		2		3	6	
	3						5	
		6		1	5			
	6							
		2		5		6		
		1	7	9		4	8	
	2				7			
4		9						8
		5	9					1

2					3			7
	3					6		1
9								
		7	8		9			6
			3					
	1							9
		9			2		3	
	2	8	7			5		
7		3		4			6	

3		2						1
6			8	1	4			
	5							
			3	8	5			
						9		
			6					3
	8	1	9			2		
		7		3			1	
		4	2					

8		3	7			1	6	
		7				4		
		5	1	9	8		2	
	5			4	9		3	
6				5		7		
	3						9	
							1	
		8						6
			8		5	9	7	

	8			5			4	
4	5			7			3	8
			4	8	2	5	6	
		3						7
8	1	5			7	4	9	
9	6		3					5
			1	2	8			6
7			5			2	8	
				3	9			4

3	2	7		9	8			
	6	8		3				
9			2					
	8							
		5	8	6				2
	4		9	5			3	
8	5		7	1		9		
6				4		5	7	
					9	2		

4						1		6
8	3		1	7		5	9	
				4	6	3		
	1	7	4			6		5
3		8	7		1	2		
6			2	3				8
	2	4	3			8	6	
					4			
9		1		2		4	7	

	4	8				7		5
	3	5	2	4		1		
	9		5		6	2		
					2	8	4	
4	8		1		3	9		
	7							
8		4		7	5	6		3
9							7	8
1		7	4			5	9	

1				4		9	8	
	5	7		2		3		
2	8			1	3	5	7	4
		5					9	3
6				3				1
	9			8	1	6		7
	2		1				4	
	4	1		7	8		6	9
				9	2	1	3	

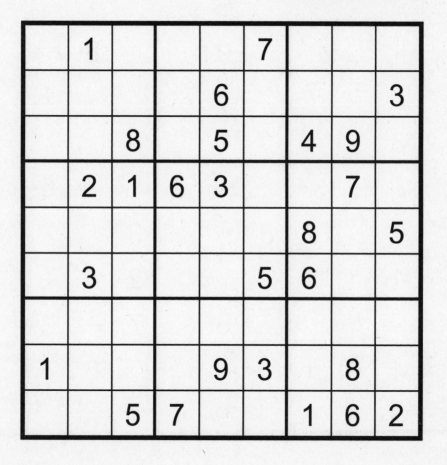

				2			8	
				5				1
3		4						
				1	9			5
		2	8			9		
1		8				2		
				6		7		3
4	3	1					6	
5	6			9	4	1		

6	7		4					
	3				2		5	
			3		5			4
4		7		6		5	9	3
		8	9		4	1	7	
9					1			
			5				1	7
				4	6			2
	4				7	8		

	7				2	3		4
		9		5	3			
		4						
								8
			6		8	1	9	
		7	2				5	
	8			1		4		
	6					7		
	3	2						

1				3			9	
		3		5			2	4
7		8		9	4	3		1
		2				1	6	3
4	6		3			2		
			5		6	9		8
9			7	4	3			2
		7		8		4		
8	5							9

	1						7	
4	9	5		7		2		
		6					5	1
	4							5
8		7			3		9	4
			8			7	6	
7	3			4		6	2	
	8							
9		2		8	7			

					1		2	4
9				5			3	
	3				7			
2	5	9			6		7	
		7			9			
						8	5	
1		8						
	9		7			4		
		2	4		5			

102 Moderate

1			8					
			7	9		1	6	8
				5		7		
8	1							5
	5	9				6	2	7
	4	7				3		
6	8			7				
		5	3	4	2	8		
			6		5	9		

			4				3	5
			9					1
6	1	7			2			
							1	
8	4		5	9	3		2	
5		6	1					4
9				7	5			
	2						4	
								3

104 Moderate

7	5			4				
	1		9	3				
	4	3			2			7
							4	3
1	7					9		
					1			6
5					4			
								1
9						6		5

	4							
8			9		1			7
3				5	4		2	1
		6						
	2	3				5		
			7		9			6
					3	9		8
	8	5		9		6		
			4					5

1				8	5			7
				3				
	4					6	5	
5				7	6			
2	9							
		4	5		3		8	
	6					9	1	
			9					
3	7			2	4			

					5	4	1	
	2		9	4		5		
	1					8		
9				6	3		8	4
		3	8					
	6			7				9
1					8	2	3	6
	3		1		6		4	
			7			9		1

108 Moderate

3	6		9			8		2
						6	5	
		4						1
	7				1			
	8	6				9	3	
					4			
		9					1	
8				7				
	5			1	2			

8					6	9		
			1					
4	6		5			7	3	
			2	6	1		5	
							1	9
	1	5			4			
	7		6		2			3
9					8		4	
	8	3			7	1		2

7								9
5			3		7	4		
					8			
	3		6					
				9	1			6
						5	4	
		9			6			
							3	
8		5			4		2	1

6	7	8	3					
		9	2		6			4
1					7	4		
				9			7	
		2					8	
2			9			7	6	
								5
			1	4				3

1								
			3	7	5	2		
	6		4					
		7	9		6			
5	3					7		
				4				
8	4	5						7
			2	1			6	5
								4

5				9				
	7	4				9		
			2					3
	9			5	1	6		2
1		6						8
	4			8	6		7	
4	2						5	1
	8	3						4
	1	5	7	2				

114 Moderate

			7					2
				3	6			
		5					3	
		8			2	5	4	
7			4		9			
								6
	4	3		7			2	
						9		
	7		1	5				

7								
1					3	2		9
			8				3	6
6	8	2				3		
			4			6		
9			7					5
				1				
		3		9			4	
						9		2

116 Moderate

	4		8	3				
			1					6
		3	9		2			1
1						6		
7							2	
	8	2			4			
			2			1	4	
					8	9		7
	7							

5	2		7				6	
	4		9		3			8
	1			2				
		8					7	
			5					
						3		
				1		9		
						7		
2	5		4		6		8	

			3					
9		6						3
				5				
	3	2						
	6			8		4	3	
		7		6				9
1			9	7	8		4	
	5		4			1		
								7

					9			7
	1							6
	8		1			4		
			4					5
4				3		8		
				5				3
					3	7		
				2	1	6		8
	2	9			8			

120 Moderate

		5				2	9	
8							3	
4	9	6		5				
					4	3	5	
	6	8			5	1		
2			7					
5	8							
1			8	3		6		
							1	

		4	7					9
5								6
							8	
6		5		7				
		7			8	2		
			1	6				
9			6	5		1		7
								3
	1	6					9	5

122 Moderate

4					7		1	6
		6		9			7	5
9		2					3	1
					2	9		
7			1			8	4	
	6				1	5		
5	7		2		4			
1		8			5		9	

	4					5		
	9							
				6	8		1	
9		7			1			
	6		4					
		5			9	8		
		2		3			7	4
		9					5	6
1						3		

	6						1	
9		4	1			3		
7	1				9	4		5
6	9	2		1			8	
	3				5		4	
				2				
		7		3	6			4
			2			9	3	
			8	5		2		

4				8			1	
			9			6	4	2
	9		7					
			8				7	3
	5			6				
						1	5	
2	8							
1				3	7		8	9
3		9						

126 Moderate

		8		9			3	
						2	1	
5								
			8	6		5		
		5						6
			2		4	3		
2		3				9	8	
7		9	5					1
1	4							

		7	5			2		
2			7	3				4
6	3		1			7	5	
		6						2
4					9		6	
5	1	9						
								1
		4	6	7		5		
				2		8		

Moderate

	5		1			2		6
7				9				
		3				4		
	2		3			7	6	
			2		5			
	9	4	6			8	2	
3		8					4	
			5		4			
						1		

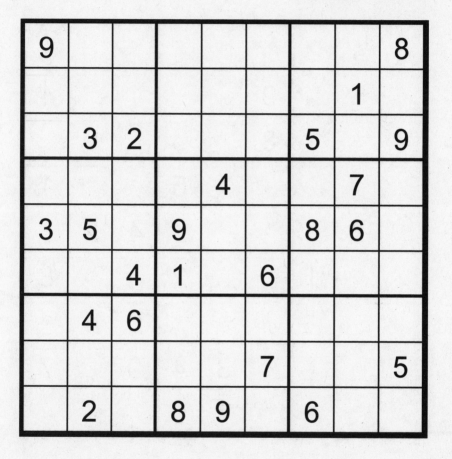

Moderate

8	4							
	5		9			1		4
7			8				9	
					5			1
	3					4	2	
		1			2			8
						6	4	
				3	4	9		7
				7	6			

		3		8				6
8	1				5			
4							8	
					3			
				4	1		5	
1	9		5	7			2	
	5				9		4	1
			1				3	
2					6			7

	4	2			8			
				6			9	2
				7	3	5	4	
			7				5	1
	3				4			
4						8		
	5		8		7		3	4
6	9							
			6	5		2		

			9	7				6
4		2				3		
	3		6					
		3						
				5				
	1	7	4					8
	5				4	7	2	
				8				1
			1					3

134 Moderate

5	3			4	8		9	
7								
1			2					
	1				6			
4	9		8	3			1	2
2			4			7		3
	2					1		
6				9			8	
	4	1			2		3	6

			2	5			8	
		6		3		9		
			7			2		1
	4			6				
1					9	4	2	
		8					7	3
					3		9	
				4	8			
	1							7

136 Moderate

						4	9	3
	3	5						
			7					
		2				9		1
				3				8
7					2		5	
8	5		9	6		2		
		6		7			4	
		3	8			6		

			6			8		3
		4		1		5	9	
7		9		2				1
			5			7		
3					2	6		5
	1			7				
	5					2		
		2	1					
				3	4			7

138 Moderate

		1			9	3		2
					6			7
2			1			6		
5								8
				3	4	9	5	
6								
8								
	2		6					1
	3			5		4		

		6						3
		3	8		9		1	
2		7			5			
3	2							8
1	4	9			7			
				9				1
				6		5	8	
5	7		1					

		3			8		5	
		8						
	2	7		5				
			6	3		1		
			1			2		
				8	2		3	
1		5			9			
9	4				1		2	
			4					8

6				7		2		4
		7	6		4	5		3
			8				7	
	5				3			7
7				2		8	6	5
	4					3		9
				4	8	1	5	
1	6		2	3		9		

142 Moderate

8								6
6			2				8	
			5				1	
				7		5		8
		9						
		7		1		9		
	7		9					
5		1						4
		6	4	2		7		

					8		7	
3					9	4		
	5	4			1			
	1	7					9	
	6			4				1
9		2		3	5			
		9						7
				7	6	8		
								6

144 Moderate

8								
		5	1					
		3			2		1	
	8		5	3				
9	7		8			1		
			2					9
	9			6	8			5
		6					4	
					3			

	2		7					
5			2		4			
				9	3			2
6	3				1			9
7								8
	9						2	
						4		6
1				3		5		
	7			1				

146　Moderate

	6				5			
					6		8	3
3	8					1		
5	7			8		2	1	
	4		5	9		6		8
			2	1			9	
	9	6			1			
				4			5	
	5	7			2		4	

			2					
		2		8	1	6	5	
	5			3			7	
3		4					6	
				4	3			2
5	2						4	
	4	5	8					3
1		9				4		
	8			6				1

148 Moderate

2		1	6					3
					1			
4	7				9			
					8		2	
		3					7	4
6		4					1	5
5	4			3	7	6		
1	8				6			
	3			5		4		1

		4			5			
	8				3			
		5		2				9
			8			2		6
	7							1
2			1	7	6		5	
	1			3	7		9	
3								
		8	2	1				3

150 Moderate

	3		2			9	6	
				1				
			6					
8			3			2		
	1		7	6				4
7				8	5			
3	4					5		
	7		1			8		
	5			3		6	2	

		1			9		4	
2			6	7	1			
	7							
			5			3		
				2				
		8					9	5
9		5					8	
		4			2			
				3	6	9		

152 Moderate

			4				8	
1					2			
6		7						
	3	4						
5	6			1			2	
		9	6				7	
				5	3			9
							1	7
	2			4	9			

			6					
5			8	9		1		
	2	6	1				8	
		4			3	8		9
2			9			7		
								5
				4				
9	6			7		3	1	
	7	5						

154 Moderate

3				1				9
				8		6		
	8	1						5
6		9			7			8
				4	5			
			2		6			1
4			3	6		1		
		7						
		5				9	3	4

					6	8		
8	1		5				7	
4		7			8	6		2
3				4				8
2				3			4	
	8						9	1
							8	9
				5				
6			1	8		7	5	

156 Moderate

							1	9
	7		5		8	4		
	4					7	3	
	5			2				
6							2	8
	8	4			1			
3			6		4		8	
			7			9		
						6	7	

		2						7
	8		1		4			6
						9	5	
		5		4	6			
3							7	
		7	2					9
7			8					3
		6			5			
			6			4	2	

158   Moderate

	3	2						9
		8	2			4		
1		6	7		9			
	8		4			7		1
		7	1		3		9	2
			8		2			
		3						
6			9				5	
				8		9	2	6

	5					2		
2				7				8
		8	5				6	
6		5		1				
4	3	7		8			9	
			3	9				4
					8		4	
9	4			5		8	2	6
8	2		4	6	9			3

160 Moderate

					7	3		
			2		6	4		7
6				5	1	9		
		5						2
			9			1		
	7							6
8			3					5
				6				
4		9			8			

9						6		
7		1						9
	8			5				
	9		5		2		7	8
	6			1		9		
3	5	2		7	8			
		3			4			
	4		3			5		7
				9			1	

5		8		6			9	
	3	6	7	4				
9		7						
	9	3		5		4		8
					4			
	2					9		
			3			5		
						2	7	
			4	8	5		1	

		1	4					
	9					3		
	4			7			1	
	1	2			8	5		
	8							2
			5	6				4
				1	3		9	
							5	
		3		9		2		

164 Moderate

	4			9	6	1		
		7		4				
								6
3		8			4		6	
	6	9			8		5	
			9				7	
9	7		2	3				
					5			
8	1							2

	9				8	6		
8		5	2		6			3
					9		1	
3		1			7	5		
7			1					2
6	2		8				3	
	3			4		7		
					5		2	6
				6				

				1			9	2
	8	6					4	
		1	5	6				
					3	6	2	
						5		7
	3						8	
	9		8		2			
		7			4	3		

9		4	1				2	
6		8			3	5		
		2		5				6
		3			2	9		
4								
				4	6		8	
		7		8	1	4	5	
2			4					1
			2	3			7	8

								5
				2		7	8	
3		6	4					
6					7			4
		9	3					2
5					4			8
					5	3		1
	2				1		9	7

		3	9				1	
		2		6	4	3		5
					2			7
	4	5			8			
	7				6			2
			1			4		
4	5				7			6
	3			4				
			6	3				1

170 Moderate

	4	8						1
			9			4		
5		6						
	3		1	5			7	
			6			3	9	
	1	2	4		6		5	9
			3	2				
9							3	

7								9
	4						5	
		5	4	3		7		
1								
		8		6	9		7	1
		2	3			5		8
	1	9		2			6	
	2			1	8	9		
3			5	9	4			

172 Demanding

		2						
	9						4	
7	5				2	8	9	
5	2	1						8
				9				
3					5			
			6	3	7			4
		5		8				
	6		9			7		

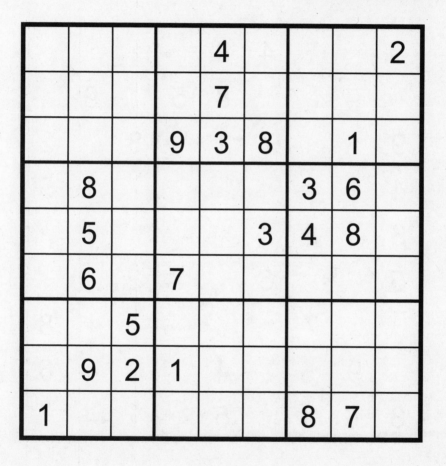

174 Demanding

			4	9				
				8	5		9	
9			7	1		8		2
4							1	5
3		8						
5			6			2		
		7						8
	9			4				6
8		3		5			4	

	4					8		
5		7						
6			9	5			4	
		3	7				8	
	1				4	9		
	9			8	1			
				2				
8				7	5	1	6	
					6	2	7	3

9				2				
8					4			
		6	5				4	7
		1				3		5
						1		
	3	5			6			8
	7		1	3		2		
					7	9		4
								1

						5		
			2	4	1	3	9	
	3		7			2		
							3	
	2	8			4		1	
	6			1				
6	5	7			8			9
		2				4		
				6			7	

178 Demanding

9	4							8
2					1			
7	1				5		2	
							7	
		7	2	3				
			4				5	
		6				8		3
	2		5		9		1	

7			4					
	1	8						7
	9			1				
8		5		9		3		
		3	2			4		6
9		6						5
3								1
	8						2	
					7	5		

180 Demanding

	9					3		
				8	4	6	5	
7				2		5		9
		8				7		6
		2	3			8		
1	6		4					
8			5					
								2

		7		3				
			2		1			7
		9	6					
	6		4	5		2	9	
		1	8					
	4							
						5		
1				2		4		8
	7	2			3	1		

182 Demanding

9						4		3
2				7		6		
							8	5
	1		2					
6			7	5				
		7		4	3			
4							7	
	9			2	1		5	
	5	1				8		

7			3	8				
1			5					
6		2						
5		4		6		2		
		3				4		1
							8	9
	5					3		
	7			3			1	4
			7		8			

184 Demanding

	8				6			
							3	8
	4	1				5		7
		9		6	5	4		
								5
1				9	4		6	
			4		3			
		5	2			8		1

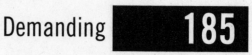

	7	1				4		3
					7			
8	4	3				6		
2	5	9			4			
					2		6	
								8
			3					
		7			5	9		
	8	4	6			1		

186 Demanding

		2	7		5	4		
	7		8					
4					1	3		
		8						1
7					6			9
	6	5		9				
				1			4	
	9		6	2				
	4						1	8

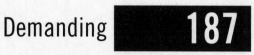

	6				9			
		9		1	6	3		
	8	7				9	6	
3		6					4	5
	7		4					
4	3		2				5	
			9		1	8		
			8					

188 Demanding

4			3			2		
2							7	4
	9				8			3
					9	7		2
	2		8		6	9		
					7		6	
3								6
6	8		7				5	
			5			8		

	7							9
6		8	5		3		4	
3			6			7		8
		6				5		
			4	1				3
5			7					
						8	9	6
	6	1			4		7	2
					8			

Demanding

	3				4			9
5	6					4	1	3
9						1	6	
							2	4
		1		2		7		
8	2		9		5			
			1	7			9	
					6	8		

7			4	3			8	
						9	5	
1								
		1	6					
	4	9				7	6	
2					4			3
			5		7			
				1	3		7	
5		4		2				

Demanding

		4				9	8	1
	2		4					7
	5				6			
			7				4	
3								2
					2		9	
		6		9	4	1		
		5	1	8		2		
		8			7			9

	5			1	7			
	1		9			6	8	
9			3					
4		6						1
				2		3		
		5				9		
1	4			3				
	2					8		
			1	7	6	2		

194 Demanding

6			1					4
						2		
	2	8			7			9
						8		1
7	1	2		5				
	9						6	
		4				1		8
				1	9			
			8		3			

1				5	6			
	6		8				4	
		5						7
	7							4
				2	9			
			5	6				
	8			1		3	5	
4				3		2	9	

4		7		3				
2	6						9	
		3	2					
				1	2			
	4	8		5	9	1		6
		1		8	4			5
	3		8				7	9
		9			6			
	8	2						

	3							6
	5			7	8		9	
6					1			
				9		5		1
8	9		1		7	2		
4		5						
				8		9		
	2	6					7	

198 Demanding

				6			9	
				1				
3						7	4	
7	2							6
1			7	9		2		
				3				
		7	4		9			8
	8	6						
							3	4

		4		7			5	9
		9		2	6			
3	6		4					8
	3		2		8			
	4	1					3	
								6
						7	1	
	5			3				2
		8						

200 Demanding

		1			9	8	6	
	4	9	3					
					6			
	6	3		7				
			1			5		
						9	2	
2		5			4			
							1	2
	3							8

1			8			6	5	
		2		4			3	
		8			9			
	4				6			
		3						
9					8			7
	8			9		2		
2	9		1					6
		5					4	1

						5		4
						6		
	8		4	6	1	9	3	
4	7				2		1	
	6		7		9		5	
		8			3			
						1	9	3
			3		8	7		
2	9		1					

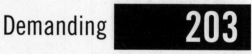

			5	8				
9			6		7			
1	4							8
2			1					
					9		3	5
7		8						
		7		4		6		
						9		
			3		1	2	4	

204 Demanding

		7					9	
4				1		8		
			8			3		
			9		3		5	6
2								
		3	5		4		7	
9			2			1		
8			7					
					5			

		9	4		7			
2		7	5			4		
	5			8				6
3					6			8
	7					2		
	9		7	1	3			
					5		3	
	6		9					5
						1		

206 Demanding

		2						
3				6	1		8	
7	5							9
			1					8
	7		4				1	2
	9	4	2					
		5					3	
				9				
						6	7	

		7		4				
			1					8
						3		
		9		2				
		1				6	8	5
		4	8			7		
3					7		5	
				8				4
1	7				5	8		9

208 Demanding

	2							9
					3			
1				8	4			
6					8		3	
		8	5	3	2		4	
		5	7					
8		6				9		7
						4		6
				7			2	

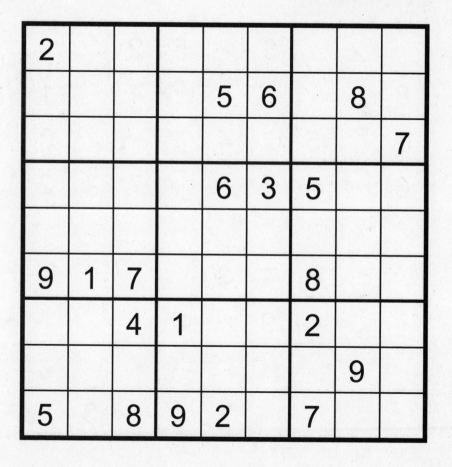

			8		5	2		
8						4		1
7		5		4				9
			1			7		2
	4							
		6	4	3				
	3		9		6			
	1							
							8	

	5	9				8		
2	1						7	
8					9			
9	4		3	2				
		3		5	8	9		
				7	4		6	3
3	7						4	
6				1				8
				8				

212 Demanding

	7	8	9					
	4						3	
		5	4		7			
3					5	8		
	9		7			1	4	
								9
6			5					
			2				9	
		3				2	7	1

				3		4		
		1		5		9	2	
	8				1		5	
				2				9
								1
	6	9						
6	3			8				
	7						3	
	5			4	6			

2			3			4		8
	7	4						
					9			1
8			9			2	6	
					8			5
6				5				
		8		2			4	
4							2	
7					1		5	

9					4			
		6	5	7				8
			8					
7				1	6			
	8				5			
2						5		4
1	9				2	3		
	2			3				6
		5						9

216 Demanding

3				8	1			
4	8						7	
	7			2				5
	5					7		1
			4					
			8		9		3	2
				3				
1		9						
2		7			5			

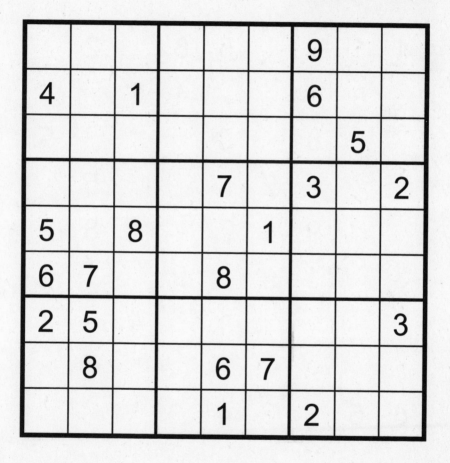

4	1			5	6		2	
					4	1		
		8		3				5
			2				5	
		9					8	
3		1			9			
				1		4		
							7	
8	5		3	4				

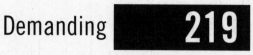

		1		9			3	
8			5			6		
	6	7			3			
								3
6		2			8			
						4	1	
2			9					1
		5	6	2				
			1			9		5

220 Demanding

4		3	5					
1					6	8		
	8		7	2		9		
	5	8			4			
	4			1		3		
9		7			8		2	
	2							
					3		4	
	3		6	4		1	8	

3								8
	5				4		6	
				5	7			
				7				6
			4					
9		4			6		5	7
1	3					2		
					9			
7	2				8	9		

Demanding

3			2	6				1
6		8						
				7	4			8
		3	7	2	6	4		
7				1				
	5					2		
			3				7	
2	8			5				
1			4				2	

9								3
			4	1		7		
	3			7				
		6		4				5
		5	7					9
				2	1		4	
8							3	6
4	2			3				
				8	4			

						6	8	
	9						7	4
			1		8			
	4	2						
7	8			2		1		
					7	9		
		7			3		6	
		5		9	2	7		
6						5		9

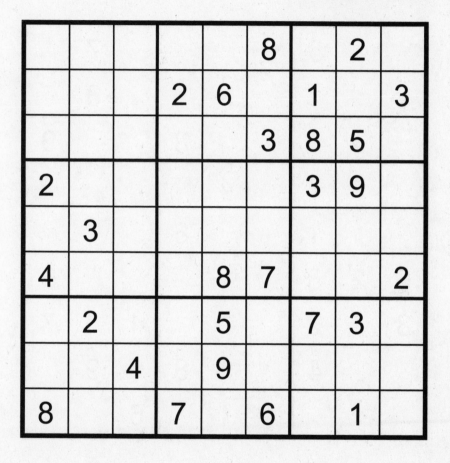

226 Demanding

		5	9				7	
							8	
				3				9
		7		4				
		1			6			
6	2	3						5
3		2				4		7
		4			8		9	
			1		6			

1					8	7		5
					5	4		3
		3			4			
4	1		2				5	
								2
	9			3	7			
					2	5		
		2			1		6	8
		9	4					

228 Demanding

			5	2			3	
		5	6					
9		2	8	4				
		7			6			
6				5			2	4
						1	9	
	5				4	9		
7			2					
		3		9				8

2			8	5			9	1
		8						2
5	7		2				6	8
			1	2				
	5	3		7				6
		5			8			
	4							
9		2	5			1	8	3

230 Demanding

	2	6					3	
			1	4	9		2	
	1							
6					7			
	3	9		1		6	8	
		3		8			4	
	6					5		
			3	2				1

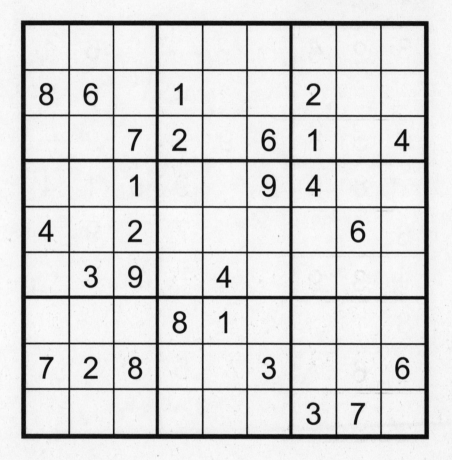

232 Demanding

3		4					6	1
		1			4		5	9
6	5	8		9	3		2	
	8	6	2		9	5	1	4
					7		9	
4						2		
8			4					
		7			6			

					9		8	
		1		6		4		7
	7							6
	2							
	8		3					
	1		7			9	4	
	9			8			6	
		2		1	7			
8	4		2				3	

234 Demanding

6		5	3	7				
	9							5
			6				7	9
				5		1	2	
	8				6			
		4			8			
3	4							
			5		7		9	1
			9	8				3

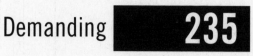

7	6	9			2	8		
		5		3				
			1			2	6	
		3	9					
				8			9	5
	8	2						1
			8		4	7		
		6						3

236 Beware! Very Challenging

	9	4		3	6	2		
	7							5
	3		4					
			8		1	5		
	2			4				
7								6
8				5	7	9		
						3		
					2			7

		8		3	2	1		
		4				3	8	
	6			4	9			
		3						
8			1				6	
				6	5			2
2	7					8	1	
					8			9

	6	7				3		
		1						
					5	4	2	
					2	7	5	1
			9					
						6		
		9	3		7			
	7	6					8	
	3	5	4	6		1		

3		8						2
			6	7	4	5		
			7			8		
9							6	
5					2	3		
								1
	4				5			3
1				2	3		4	

240 Beware! Very Challenging

8		5						
1	7						9	
6			2	1				
					4			
3							8	
		6	3			1		
	2		1		9			7
								8
7			6	8		5	3	

Beware! Very Challenging

				9				
4		7				5		
	2				1			4
8	5					9		
			3			6	1	
2					4			
6							8	7
	7	1	6					
				2			3	

242 Beware! Very Challenging

	2							5
				8				9
	1			7	4			2
2							9	
8				5				7
		5					4	
9	4	3			1			
			7			2		8

				1		6		9
3		9	6					
				9		7		5
	1	4						
		8	9				1	
					2	3		
		1			8	4	9	
			5			2		
7			3					

244 Beware! Very Challenging

7			6					
	8					5	4	
			8		3	2		7
					1		2	
						1		
9		5	3			4		
	9				4		6	
				7	6	3		
	5							2

Beware! Very Challenging  245

		5						
		4	8	6		9		
			3		7	8		
				4	2			7
		2						
1					8	6		
	8			9		7		
				1	5			6
6								4

Beware! Very Challenging

	2	6			5		4	3
4						9		
	3		7				8	
	5			6	8	1		
	4				7			
				1				2
		1						5
7			9					

	8	2			7			
	3							
6					3			
5				6		4	1	
	9	8	5		1	6		
								3
		1		3				6
4							2	
					8			7

248 Beware! Very Challenging

	5					9	1	
1					9	3		
3	8						5	
		8	9	3		1	2	
				5		4		
7								
9			3			8		
8		1					6	
4	7				1			2

Beware! Very Challenging

4		1	5			2		
7				3				
				8	6		4	
				6		4		7
	9	4	7	2		5	1	
	1		3					
1								
8						3		
	6			4	9			8

Beware! Very Challenging

4							6	
					4			8
	2		9	8			3	
				3	1	7	2	
				4				
2						3		
	6				5			4
	7						8	9
	9		7					

	9			2			4	
3								2
	4					3		8
	5							
			2			4		
1		8		3	4			7
							5	6
		5			8	7		1
			1		7			

Beware! Very Challenging

			4				8	3
5					3	4		
2					1			6
				3	5			
	7	9	8					
	3					6	9	
							6	4
3								
	1			6		3	7	9

				5	2			
		8		7		2	9	
			4				5	
		3	5			9		2
	1	4						7
					3	4		
8							7	
9			6			8		
	2				8		1	

254 Beware! Very Challenging

	3	9	8			2		
			2		9		1	6
1								
				8	1			
	5			4		9	7	
			7				2	
5								
							6	1
6	4	7				5	9	

	5			7				
1	7	8						9
	9	6						3
3					1			8
		9	4	3		7		
			2			6		
	3	7		2			6	
8			3	5		4		

256 Beware! Very Challenging

3	9						8	
6				1			5	2
	4							3
		4						
				3	8			6
			2		6			5
		5						
	1				9	6		4
				7				1

	4	7			2		1	
5						8		
				9		7		
6			2					4
	3		1	4				
	9			3				6
			3				8	
1	2		8	7		3		

			2				9	5
			5	1		2		
		6				8	7	
	1	9						
5				4	8		6	
			7			6		
	8						5	4
		4					3	7

		4	6	3				
	8					3		
5								2
				6	4			
							8	1
		8		5			7	
	4		9					5
	9				5	1		3
	3			7				

Beware! Very Challenging

				8			6	9
	6	3						
5		1		7				
7			9	6				8
					7	1		3
2				5		6		
1								
	4				5	9		
					8	4	3	

		1		3	9			
5		2				7		
8				6		2		
		6		2				5
					4		9	
					3			
	7		1				4	6
	9	5						7
							1	

	8		6			1		
								8
				3		5		
2		8		6				9
	7							
	1			5	3	6		
4	6		5	7		8		
								1
		1			9			

	9			8	6		5	
		2						
7	8		9			1	6	4
3		5				6		1
	7						3	
			3		2			
1		7						5
				6			8	

						3		5
6	7	9						
		8					4	
	2	4				1		
				9	3			
			1	6			5	
	5	3			6			
4						5		
			9		7			2

						2	6	
	8		9					
			2		1			4
		4			8		9	
7	3							
				3				2
4	7		1					
		5	6		2		3	9
6				7	5			

266 Beware! Very Challenging

					3		9	
	2		8	9	1		3	
		7				6		
1								
6	4							
8		2	6		7	4	1	
			2	3				
						8	7	
		8	1					

1			6					
		2			8			
		5						
	7		5			6	2	
8								7
		4		3			9	
			2		6		4	
	9		1				8	3
			7					1

Beware! Very Challenging

	2			3				4
	1	9		2			8	
7		8						
2	7	6			4	3		
8								6
				8				
				6			9	5
			5		9			
		3	7					

Beware! Very Challenging 269

			7					
1		4	5		9			
	7	9			1	8		
		7					5	
			3		4		6	
				2				9
					7			
		2	4			1		
4		3	9	5				

	1		2					3
4			9			7		
	7							8
		5		4				
9		8			1		6	
3		9						2
			6			3		5
	6				7			4

	5	4		2			6	
2	1							
3					8	5		
5		9		7				
			9				2	
4					6			
			3					4
		6	8			9		7

Beware! Very Challenging

				8	9	6	5	2
			6					
					7			1
9			5	1			3	
		8						
6						2		4
			4					
	3	4			8			6
5	9							7

					3			
		7		8			4	
		8		5			2	
				1				8
6	7				4		9	
						3	6	2
	9		6		5			
	2	4						1
							5	

274 Beware! Very Challenging

4	7			8			9	
	5		7					
9							7	1
8					3		6	
7	6							
				6				3
	2		8	7				5
		1	2	5				4
						2		

8								
	9	6						7
7						5	6	
		5	3	8			9	
		3		7				8
4							2	
1		2			3			
	5		8	6				4
				1			7	

Beware! Very Challenging

2					7	9	5	1
6			5		2			
8	2	4					6	
	1			6				9
	3						2	
			1					2
	4							7
			8	9		3		

5		7			3	6		
	6		7	4				
8			9	5		2		3
	2		4			9		
					2		5	8
			8	1	4			
1		2				7		6
	8							

Beware! Very Challenging

4				2	3			
			5	9	6	7		
	9		7					
8								
		5				1	6	
							9	4
	8							
9					2			3
6		3	8	5	4		1	2

8						2		
		7		9		3	8	
6			1					
2		1		6				
	3						4	5
4							2	
		8				7		
				2	6			
3	5		4					

					2		9	
		5		1	4	7		
	7							8
	4	3				5		
			4					
			7	6	8	3		
	1					9	2	3
				9				
8					5			1

7			8	6				1
	6		9				5	
4		2						
						7		
6	3	7						
					1	2		
8								
					9	3	2	
	4		1		3			6

282 Beware! Very Challenging

		1						
3	5							
9		4	7			5	2	
4	1			2			7	
	6		8			9		
	2	8						
		5	1		9	7		
					6			9
				3		8		

2					6	7	1	
8					7	2	3	
		7		8				6
6			7				2	
7		9		8				
4	2		3			5		
			5	1				
					4	8		
						6	9	

284 Beware! Very Challenging

							4	
		9					1	
1			5	2		3		
	6							
8			4			5		
	7		3			8	9	
				3				
	4		1	5				
	2		9			7		4

	3					4		5
		7					1	
			7	9		5		
		6		5		8		
2				4			7	3
			9	2				7
	4		3			9		
			1		6			

Beware! Very Challenging

		1	3	2				
7		6			1			5
		2	4					1
9								2
						3		
8	1	7						
		5			9	6		
					6			3
				5	2			8

				3		8		
		8			5		9	
						2		6
	2	9						
4					7	5	6	
		3			6			
		5			9			
				4	2	7		
1			3			9	5	

1	3			6		2		
7					5			
	2		4					
				8				
			5				3	7
	7			3			1	6
						1		
				5	1		8	
		4	8	7		3		9

7				9	4	1		
	9							4
		5						3
			3		2		9	
8								2
	1					3		6
	2	4	5		3	8		
		7		6				
								9

Beware! Very Challenging

	3							
4	1	2		5				
	5			1		9		7
	7		9					6
		3	4		5	7		
		4			3	8		
9								3
		8				1		
					2	5		

	2				1			4
5			7	6				
		7						8
1		6						
	8				5		3	
	7					4	9	
		8		3		5		
			8			2		
6				5		3		

Beware! Very Challenging

5	1	4	8					2
			6					
					5			
		2					5	
						2		4
		9			1	7		
	7						1	
	3	5			7	6		
6	2			5	8	3	7	

					7	9		
3	2							
8			4			2		
6			8			4		
9		5	7		2	6		
7			5				9	
		4			6			
5						7	6	
	3				5			

Beware! Very Challenging

			6		8		1	
						7		
7			5					
			7			3	8	
6					3	1		5
	7	2				6		
			3			8		
		9						
4		6		2				3

		7	6					1
		1				3		2
3	9		1					
8		3			9			
6		2			1		3	
			2			6		
	8					7		
			4	7				
	3	9				8		

296

Beware! Very Challenging

	1				8			
7	2						9	
						4		
	8	6	1				5	
			2			9		
			3		7		6	
3	6				1			7
	5	4	7			6		2

6		1		7			2	
		5	3		8		6	
				5		8		9
	6				2			7
3				4	5			2
9						3		
		4					9	
8	7	6						
5			2					8

Bonus! Giant Sudoku

11			6			2				5	
		10					12	11			
	12	8	7			4		9			3
		12					4				
6			3								
			9	6			5	4	8		
	10				9	7	1	12			
						8			1		
12	2	1					10			4	
5						12	6			3	
1							9	10	2	11	
8	3		11				7		4		12

				11							
10	1		3	5				9			11
	11		2		6	4		12			5
1				4			3				7
	2	3		8		9			11	10	
		8				7		5			
											4
			7				12	2			
	4	6				10	11	7	5	1	9
6	5	7		12						3	
							9	8			
			6			10		4			

			12								11
		6		11				9	5		
					7	9			3	6	
	2		9	3		8		1		10	
	8				5	7					
			10	2						7	
2	12		8		6		11			1	
			7	12				4			5
			7	9				2	11		
	3	9		10				1			
			4								
7	10	2			1		8	11		9	12

ANSWERS

1

6	5	8	9	4	2	1	7	3
3	9	1	8	6	7	2	4	5
2	4	7	1	5	3	6	9	8
4	3	5	6	2	8	7	1	9
8	1	2	5	7	9	3	6	4
7	6	9	4	3	1	8	5	2
9	7	6	2	8	5	4	3	1
1	2	4	3	9	6	5	8	7
5	8	3	7	1	4	9	2	6

2

2	9	5	4	6	3	1	8	7
7	1	3	2	8	9	5	6	4
8	4	6	5	7	1	3	2	9
4	7	9	3	2	5	6	1	8
5	8	2	1	9	6	7	4	3
6	3	1	8	4	7	9	5	2
9	2	7	6	5	8	4	3	1
3	6	8	9	1	4	2	7	5
1	5	4	7	3	2	8	9	6

3

9	1	8	2	7	3	5	6	4
4	5	2	6	1	9	7	8	3
3	6	7	8	4	5	1	2	9
8	3	9	5	6	1	2	4	7
6	4	1	7	3	2	8	9	5
2	7	5	9	8	4	6	3	1
5	9	6	3	2	7	4	1	8
1	8	3	4	5	6	9	7	2
7	2	4	1	9	8	3	5	6

4

5	3	2	7	6	8	9	1	4
1	8	6	4	9	2	7	5	3
4	9	7	1	3	5	8	2	6
3	4	8	2	7	6	1	9	5
9	2	1	3	5	4	6	8	7
7	6	5	8	1	9	4	3	2
6	1	4	5	8	3	2	7	9
2	7	3	9	4	1	5	6	8
8	5	9	6	2	7	3	4	1

5

4	2	9	7	5	6	3	8	1
5	8	7	1	4	3	2	6	9
3	6	1	8	9	2	7	5	4
9	4	3	2	8	5	6	1	7
7	1	2	3	6	9	8	4	5
6	5	8	4	1	7	9	3	2
8	3	4	9	2	1	5	7	6
1	9	5	6	7	8	4	2	3
2	7	6	5	3	4	1	9	8

6

4	1	6	2	5	9	3	8	7
7	3	9	4	8	1	2	6	5
8	2	5	7	3	6	9	1	4
3	5	8	6	2	4	7	9	1
2	7	1	8	9	5	6	4	3
6	9	4	3	1	7	8	5	2
5	8	3	1	6	2	4	7	9
1	6	7	9	4	3	5	2	8
9	4	2	5	7	8	1	3	6

7

2	8	5	7	3	4	6	1	9
7	6	9	1	8	2	4	3	5
3	1	4	5	6	9	7	2	8
6	9	8	3	4	1	5	7	2
4	5	2	9	7	8	3	6	1
1	7	3	6	2	5	9	8	4
5	3	1	8	9	6	2	4	7
9	4	6	2	1	7	8	5	3
8	2	7	4	5	3	1	9	6

8

3	9	5	4	1	6	7	2	8
4	8	6	2	7	5	1	3	9
2	7	1	8	3	9	4	5	6
7	1	3	6	4	8	5	9	2
9	6	2	7	5	1	8	4	3
5	4	8	3	9	2	6	7	1
1	2	9	5	8	7	3	6	4
8	5	4	9	6	3	2	1	7
6	3	7	1	2	4	9	8	5

9

9	2	6	5	3	1	4	7	8
7	5	1	8	4	2	6	9	3
4	8	3	6	7	9	5	2	1
3	6	7	9	1	4	2	8	5
5	1	2	7	6	8	9	3	4
8	9	4	2	5	3	7	1	6
2	4	9	1	8	6	3	5	7
6	7	8	3	2	5	1	4	9
1	3	5	4	9	7	8	6	2

10

9	3	1	6	2	8	7	4	5
5	7	8	3	4	9	1	6	2
2	6	4	5	1	7	3	8	9
4	8	3	2	9	5	6	1	7
6	5	2	8	7	1	4	9	3
1	9	7	4	6	3	2	5	8
8	1	5	7	3	4	9	2	6
7	2	9	1	8	6	5	3	4
3	4	6	9	5	2	8	7	1

11

8	9	2	6	5	1	4	7	3
3	1	4	7	9	2	6	5	8
5	7	6	3	8	4	2	1	9
6	8	9	4	2	7	5	3	1
2	3	7	8	1	5	9	6	4
1	4	5	9	6	3	8	2	7
7	2	3	5	4	9	1	8	6
9	5	8	1	3	6	7	4	2
4	6	1	2	7	8	3	9	5

12

6	9	8	1	2	5	7	4	3
5	4	3	8	6	7	1	9	2
7	2	1	9	4	3	8	6	5
3	6	7	2	1	9	5	8	4
1	5	9	3	8	4	2	7	6
4	8	2	7	5	6	9	3	1
9	7	4	5	3	2	6	1	8
2	1	6	4	9	8	3	5	7
8	3	5	6	7	1	4	2	9

13

4	2	9	5	1	8	7	6	3
8	1	7	9	3	6	5	4	2
6	3	5	2	4	7	9	8	1
5	9	6	8	2	4	3	1	7
3	8	1	7	6	9	2	5	4
2	7	4	3	5	1	6	9	8
1	5	2	6	8	3	4	7	9
7	4	3	1	9	5	8	2	6
9	6	8	4	7	2	1	3	5

14

9	1	3	8	5	2	7	6	4
8	5	7	1	4	6	9	3	2
4	2	6	7	9	3	5	1	8
1	8	5	6	2	4	3	7	9
3	6	4	9	8	7	2	5	1
7	9	2	3	1	5	4	8	6
2	3	1	4	7	8	6	9	5
6	4	9	5	3	1	8	2	7
5	7	8	2	6	9	1	4	3

15

2	5	4	8	6	7	3	9	1
6	3	1	9	2	5	4	8	7
7	8	9	3	1	4	2	5	6
8	4	7	5	9	6	1	3	2
3	6	2	4	8	1	5	7	9
9	1	5	2	7	3	8	6	4
4	7	8	1	3	9	6	2	5
5	2	6	7	4	8	9	1	3
1	9	3	6	5	2	7	4	8

16

6	4	5	2	9	7	8	1	3
8	1	3	4	6	5	2	7	9
2	9	7	3	8	1	5	4	6
3	8	1	6	7	2	9	5	4
9	5	2	1	3	4	6	8	7
4	7	6	8	5	9	3	2	1
7	3	8	5	1	6	4	9	2
5	2	9	7	4	3	1	6	8
1	6	4	9	2	8	7	3	5

17

5	2	1	4	8	9	7	6	3
4	3	6	7	1	2	9	8	5
8	9	7	3	5	6	2	4	1
7	4	8	1	2	3	5	9	6
6	1	9	5	4	7	3	2	8
2	5	3	9	6	8	1	7	4
1	7	2	8	3	4	6	5	9
3	6	4	2	9	5	8	1	7
9	8	5	6	7	1	4	3	2

18

1	6	3	8	9	4	7	2	5
5	7	4	3	2	6	8	9	1
8	2	9	5	1	7	4	6	3
3	5	1	4	8	2	9	7	6
6	4	8	7	3	9	1	5	2
2	9	7	1	6	5	3	4	8
7	1	6	9	5	8	2	3	4
9	8	2	6	4	3	5	1	7
4	3	5	2	7	1	6	8	9

19

7	1	9	6	2	4	5	8	3
4	8	5	1	3	7	2	6	9
2	6	3	5	8	9	4	7	1
8	3	1	4	7	2	9	5	6
6	4	7	9	1	5	3	2	8
5	9	2	3	6	8	7	1	4
3	2	6	7	9	1	8	4	5
1	7	4	8	5	3	6	9	2
9	5	8	2	4	6	1	3	7

20

7	4	3	1	8	2	9	6	5
2	6	1	7	5	9	8	4	3
5	9	8	6	4	3	2	7	1
1	3	2	9	7	8	4	5	6
9	7	5	4	6	1	3	2	8
4	8	6	3	2	5	7	1	9
8	2	9	5	1	7	6	3	4
3	5	4	2	9	6	1	8	7
6	1	7	8	3	4	5	9	2

21

8	6	2	7	4	1	3	9	5
7	5	3	6	8	9	1	2	4
4	9	1	5	2	3	8	7	6
1	3	9	4	5	2	6	8	7
5	4	8	3	6	7	2	1	9
2	7	6	9	1	8	4	5	3
6	8	4	1	7	5	9	3	2
3	2	5	8	9	6	7	4	1
9	1	7	2	3	4	5	6	8

22

7	2	9	1	6	4	3	8	5
1	4	8	3	7	5	2	9	6
5	3	6	8	2	9	1	4	7
9	7	1	6	3	2	4	5	8
3	8	5	4	9	7	6	1	2
4	6	2	5	1	8	7	3	9
6	9	3	2	5	1	8	7	4
2	5	4	7	8	3	9	6	1
8	1	7	9	4	6	5	2	3

23

3	9	6	1	4	8	5	7	2
7	5	8	3	6	2	9	1	4
1	2	4	7	5	9	8	3	6
4	3	2	8	1	6	7	5	9
5	7	9	2	3	4	1	6	8
6	8	1	5	9	7	4	2	3
8	4	5	6	2	1	3	9	7
2	1	7	9	8	3	6	4	5
9	6	3	4	7	5	2	8	1

24

2	8	3	5	9	6	4	7	1
5	1	7	8	2	4	3	9	6
9	4	6	1	7	3	5	8	2
6	3	2	4	5	8	9	1	7
1	9	5	6	3	7	2	4	8
4	7	8	2	1	9	6	3	5
8	5	4	3	6	1	7	2	9
3	2	9	7	8	5	1	6	4
7	6	1	9	4	2	8	5	3

25

6	4	8	7	1	3	9	5	2
1	5	7	9	2	6	4	8	3
3	2	9	8	4	5	7	6	1
5	9	2	1	6	4	8	3	7
8	6	4	5	3	7	2	1	9
7	1	3	2	8	9	5	4	6
4	7	1	3	5	2	6	9	8
9	3	6	4	7	8	1	2	5
2	8	5	6	9	1	3	7	4

26

7	5	3	8	4	2	9	6	1
4	6	8	9	7	1	2	5	3
2	9	1	5	6	3	8	4	7
6	3	5	1	8	7	4	2	9
8	2	7	4	5	9	3	1	6
9	1	4	2	3	6	5	7	8
3	4	2	6	1	8	7	9	5
1	7	9	3	2	5	6	8	4
5	8	6	7	9	4	1	3	2

27

4	3	9	7	5	8	6	1	2
7	2	5	1	6	9	4	8	3
6	1	8	3	4	2	9	5	7
8	5	1	2	7	6	3	4	9
9	4	6	5	1	3	7	2	8
3	7	2	9	8	4	5	6	1
5	6	7	8	3	1	2	9	4
2	8	3	4	9	5	1	7	6
1	9	4	6	2	7	8	3	5

28

7	1	4	9	3	5	2	8	6
9	3	8	6	2	4	7	5	1
2	6	5	1	7	8	9	3	4
1	5	9	8	4	6	3	2	7
8	7	6	2	1	3	5	4	9
4	2	3	7	5	9	6	1	8
5	9	2	4	6	1	8	7	3
6	4	7	3	8	2	1	9	5
3	8	1	5	9	7	4	6	2

29

3	2	6	4	5	1	8	7	9
8	7	9	6	2	3	5	1	4
5	4	1	9	8	7	3	2	6
6	8	3	1	7	4	2	9	5
1	9	2	5	6	8	4	3	7
7	5	4	2	3	9	6	8	1
2	6	8	7	1	5	9	4	3
9	3	7	8	4	6	1	5	2
4	1	5	3	9	2	7	6	8

30

5	7	8	9	4	3	6	2	1
9	6	1	2	8	7	3	4	5
3	2	4	5	1	6	8	7	9
1	3	2	7	6	4	5	9	8
8	4	5	3	9	1	7	6	2
7	9	6	8	5	2	4	1	3
4	5	9	6	2	8	1	3	7
2	1	7	4	3	5	9	8	6
6	8	3	1	7	9	2	5	4

31

6	5	8	4	1	7	2	3	9
3	9	4	6	5	2	1	7	8
1	2	7	8	9	3	6	4	5
9	6	5	1	3	4	7	8	2
2	8	3	7	6	9	4	5	1
7	4	1	2	8	5	9	6	3
4	1	9	5	7	8	3	2	6
5	7	6	3	2	1	8	9	4
8	3	2	9	4	6	5	1	7

32

9	6	1	5	7	3	8	2	4
3	2	5	4	6	8	9	1	7
8	4	7	9	1	2	6	5	3
4	1	2	3	9	7	5	8	6
5	7	3	6	8	1	4	9	2
6	9	8	2	5	4	3	7	1
7	8	4	1	3	9	2	6	5
2	5	9	7	4	6	1	3	8
1	3	6	8	2	5	7	4	9

33

1	2	6	7	4	9	8	5	3
3	8	7	5	1	6	4	2	9
4	5	9	3	2	8	6	7	1
8	3	1	9	7	2	5	6	4
6	7	5	8	3	4	1	9	2
2	9	4	6	5	1	7	3	8
5	6	2	1	8	3	9	4	7
7	4	8	2	9	5	3	1	6
9	1	3	4	6	7	2	8	5

34

9	4	1	8	3	6	5	7	2
5	6	7	2	4	9	3	8	1
3	8	2	7	5	1	4	6	9
7	3	5	9	6	4	1	2	8
4	9	6	1	8	2	7	5	3
2	1	8	5	7	3	9	4	6
1	7	3	6	2	5	8	9	4
8	2	9	4	1	7	6	3	5
6	5	4	3	9	8	2	1	7

35

5	4	9	2	8	6	7	1	3
2	1	6	7	5	3	8	9	4
7	8	3	4	9	1	2	5	6
9	7	4	5	6	2	1	3	8
3	6	1	8	7	9	5	4	2
8	2	5	1	3	4	9	6	7
4	9	7	3	2	5	6	8	1
6	3	2	9	1	8	4	7	5
1	5	8	6	4	7	3	2	9

36

7	4	9	6	3	2	5	1	8
5	8	6	9	4	1	2	3	7
1	2	3	8	7	5	6	9	4
6	9	1	4	5	3	7	8	2
8	7	4	2	9	6	3	5	1
3	5	2	7	1	8	9	4	6
2	1	7	3	8	9	4	6	5
4	3	8	5	6	7	1	2	9
9	6	5	1	2	4	8	7	3

37

8	4	2	7	5	1	6	9	3
9	3	7	2	4	6	1	5	8
6	1	5	9	8	3	2	4	7
2	6	8	3	1	5	4	7	9
1	9	3	4	7	2	8	6	5
7	5	4	8	6	9	3	1	2
3	8	1	6	9	7	5	2	4
4	7	6	5	2	8	9	3	1
5	2	9	1	3	4	7	8	6

38

3	8	9	2	7	6	1	5	4
4	2	1	5	9	3	6	7	8
5	7	6	4	8	1	2	3	9
2	9	7	6	1	5	4	8	3
1	6	4	9	3	8	7	2	5
8	5	3	7	2	4	9	6	1
6	1	2	8	5	9	3	4	7
7	3	5	1	4	2	8	9	6
9	4	8	3	6	7	5	1	2

39

6	2	8	9	3	1	4	7	5
1	9	3	4	7	5	8	6	2
7	4	5	2	8	6	1	9	3
4	6	9	5	1	8	2	3	7
2	3	7	6	9	4	5	1	8
5	8	1	3	2	7	6	4	9
9	1	2	8	6	3	7	5	4
3	5	6	7	4	2	9	8	1
8	7	4	1	5	9	3	2	6

40

8	6	1	7	5	2	9	3	4
3	4	7	8	9	1	5	2	6
9	5	2	3	4	6	8	1	7
1	9	8	4	7	5	3	6	2
5	3	4	2	6	9	1	7	8
2	7	6	1	8	3	4	9	5
4	8	3	6	1	7	2	5	9
6	2	5	9	3	4	7	8	1
7	1	9	5	2	8	6	4	3

41

8	1	7	4	6	3	9	2	5
2	5	4	1	9	7	3	8	6
9	3	6	8	2	5	1	4	7
6	7	9	5	8	4	2	1	3
1	4	8	3	7	2	5	6	9
5	2	3	6	1	9	4	7	8
3	8	5	2	4	6	7	9	1
4	9	1	7	3	8	6	5	2
7	6	2	9	5	1	8	3	4

42

4	6	5	8	9	3	2	7	1
8	2	7	1	5	4	6	3	9
1	9	3	7	2	6	4	8	5
6	1	8	2	7	9	3	5	4
9	5	4	3	6	1	7	2	8
3	7	2	4	8	5	1	9	6
5	3	9	6	4	2	8	1	7
2	8	6	9	1	7	5	4	3
7	4	1	5	3	8	9	6	2

43

7	4	1	3	5	8	9	6	2
8	9	5	6	2	4	1	3	7
2	6	3	9	1	7	4	5	8
1	7	6	8	4	9	5	2	3
3	2	8	5	7	1	6	9	4
4	5	9	2	6	3	8	7	1
9	1	4	7	3	6	2	8	5
6	3	2	1	8	5	7	4	9
5	8	7	4	9	2	3	1	6

44

2	7	6	8	1	3	9	5	4
4	1	3	7	9	5	2	6	8
5	9	8	4	2	6	3	1	7
6	8	9	1	3	7	5	4	2
7	2	1	5	4	9	8	3	6
3	5	4	2	6	8	1	7	9
1	6	5	9	7	2	4	8	3
8	3	2	6	5	4	7	9	1
9	4	7	3	8	1	6	2	5

45

5	8	2	7	3	4	6	1	9
9	4	3	6	1	8	5	2	7
6	7	1	9	2	5	8	4	3
2	6	7	1	9	3	4	5	8
4	5	9	2	8	7	1	3	6
3	1	8	4	5	6	7	9	2
7	9	6	3	4	1	2	8	5
1	2	5	8	7	9	3	6	4
8	3	4	5	6	2	9	7	1

46

3	8	2	5	9	7	6	1	4
6	9	7	4	3	1	2	8	5
5	4	1	2	8	6	7	3	9
1	6	5	7	2	8	4	9	3
4	7	8	3	1	9	5	6	2
2	3	9	6	5	4	8	7	1
9	1	4	8	6	5	3	2	7
7	2	6	9	4	3	1	5	8
8	5	3	1	7	2	9	4	6

47

2	3	8	9	6	5	4	7	1
1	7	9	2	8	4	3	5	6
4	5	6	1	7	3	9	2	8
5	9	2	7	4	8	1	6	3
3	1	7	6	9	2	5	8	4
8	6	4	5	3	1	2	9	7
7	8	1	4	5	9	6	3	2
6	4	5	3	2	7	8	1	9
9	2	3	8	1	6	7	4	5

48

9	5	8	3	6	1	7	4	2
7	4	1	5	8	2	3	9	6
2	6	3	4	7	9	1	5	8
5	1	6	2	9	4	8	3	7
4	8	2	7	3	5	9	6	1
3	7	9	6	1	8	5	2	4
1	3	4	8	5	6	2	7	9
6	9	5	1	2	7	4	8	3
8	2	7	9	4	3	6	1	5

49

2	3	1	4	9	5	6	7	8
4	5	7	6	3	8	9	2	1
8	9	6	7	1	2	3	5	4
5	7	2	3	8	6	1	4	9
3	6	4	1	7	9	2	8	5
9	1	8	5	2	4	7	3	6
1	8	3	9	4	7	5	6	2
6	2	9	8	5	3	4	1	7
7	4	5	2	6	1	8	9	3

50

7	4	2	3	1	9	6	5	8
9	5	8	6	7	4	2	1	3
6	3	1	2	5	8	4	9	7
8	7	4	5	6	2	9	3	1
2	1	5	9	3	7	8	4	6
3	9	6	8	4	1	5	7	2
4	2	7	1	9	6	3	8	5
5	8	9	7	2	3	1	6	4
1	6	3	4	8	5	7	2	9

51

5	2	3	8	1	4	9	7	6
6	9	4	3	7	2	1	5	8
8	1	7	5	9	6	2	4	3
4	3	9	1	6	8	5	2	7
1	6	8	7	2	5	4	3	9
2	7	5	9	4	3	8	6	1
9	4	1	2	3	7	6	8	5
3	8	6	4	5	9	7	1	2
7	5	2	6	8	1	3	9	4

52

9	8	4	2	7	3	6	1	5
7	6	2	5	4	1	3	8	9
1	3	5	6	8	9	4	7	2
4	5	9	3	2	8	7	6	1
6	2	8	1	9	7	5	4	3
3	1	7	4	6	5	2	9	8
5	9	1	7	3	4	8	2	6
2	7	3	8	1	6	9	5	4
8	4	6	9	5	2	1	3	7

53

5	8	7	9	3	2	6	4	1
3	9	1	4	6	8	5	7	2
6	2	4	5	1	7	9	3	8
4	3	8	1	7	6	2	9	5
2	6	9	8	5	4	7	1	3
7	1	5	2	9	3	4	8	6
1	4	2	7	8	5	3	6	9
8	7	3	6	2	9	1	5	4
9	5	6	3	4	1	8	2	7

54

4	5	1	7	8	3	6	9	2
7	2	8	5	6	9	4	1	3
6	3	9	4	1	2	5	8	7
2	9	5	1	3	6	8	7	4
8	7	3	9	5	4	1	2	6
1	6	4	8	2	7	9	3	5
5	4	7	3	9	8	2	6	1
3	8	6	2	4	1	7	5	9
9	1	2	6	7	5	3	4	8

55

4	7	5	9	3	6	1	8	2
9	1	8	7	5	2	3	6	4
3	2	6	4	8	1	7	5	9
5	9	1	8	2	7	6	4	3
8	4	7	3	6	5	2	9	1
6	3	2	1	9	4	5	7	8
7	8	3	6	1	9	4	2	5
1	5	4	2	7	8	9	3	6
2	6	9	5	4	3	8	1	7

56

9	6	7	5	3	4	8	2	1
2	5	1	6	7	8	3	4	9
8	4	3	1	9	2	5	7	6
5	1	9	4	6	7	2	3	8
4	3	8	2	1	9	7	6	5
7	2	6	3	8	5	9	1	4
6	8	2	9	4	3	1	5	7
3	9	4	7	5	1	6	8	2
1	7	5	8	2	6	4	9	3

57

7	1	9	5	2	3	8	6	4
4	5	2	7	6	8	1	9	3
8	6	3	4	9	1	7	2	5
6	3	4	8	1	2	5	7	9
5	7	8	9	3	4	6	1	2
2	9	1	6	7	5	3	4	8
3	4	6	2	8	7	9	5	1
1	2	7	3	5	9	4	8	6
9	8	5	1	4	6	2	3	7

58

7	5	2	1	6	3	4	8	9
1	9	6	8	7	4	5	2	3
8	4	3	9	2	5	7	6	1
5	2	4	3	1	9	8	7	6
6	7	9	5	8	2	1	3	4
3	8	1	7	4	6	2	9	5
9	1	8	6	5	7	3	4	2
2	3	7	4	9	1	6	5	8
4	6	5	2	3	8	9	1	7

59

1	3	4	6	9	8	5	2	7
2	6	9	4	5	7	3	8	1
5	7	8	1	2	3	9	6	4
7	5	3	8	1	6	2	4	9
4	8	6	9	3	2	7	1	5
9	2	1	7	4	5	6	3	8
3	9	2	5	8	1	4	7	6
6	1	5	2	7	4	8	9	3
8	4	7	3	6	9	1	5	2

60

1	6	9	7	5	2	3	8	4
3	2	4	8	1	6	5	7	9
7	5	8	3	4	9	1	2	6
8	4	6	5	9	3	7	1	2
9	1	2	4	8	7	6	3	5
5	3	7	2	6	1	9	4	8
4	8	1	9	3	5	2	6	7
6	7	5	1	2	4	8	9	3
2	9	3	6	7	8	4	5	1

61

5	4	7	9	1	3	2	8	6
8	6	3	7	5	2	9	1	4
2	9	1	8	6	4	5	7	3
4	1	9	2	3	8	7	6	5
3	7	8	6	9	5	1	4	2
6	5	2	4	7	1	8	3	9
9	8	6	3	2	7	4	5	1
1	3	4	5	8	9	6	2	7
7	2	5	1	4	6	3	9	8

62

2	9	8	1	3	5	6	7	4
6	7	1	9	8	4	3	5	2
4	5	3	7	6	2	8	9	1
5	1	2	4	9	8	7	3	6
7	3	4	5	2	6	1	8	9
9	8	6	3	7	1	4	2	5
1	6	7	8	5	9	2	4	3
3	2	9	6	4	7	5	1	8
8	4	5	2	1	3	9	6	7

63

7	3	5	8	9	4	1	2	6
1	9	6	2	3	7	5	8	4
8	4	2	5	1	6	7	9	3
4	5	1	3	7	9	2	6	8
6	2	9	4	5	8	3	1	7
3	7	8	6	2	1	4	5	9
9	1	3	7	8	5	6	4	2
2	8	4	1	6	3	9	7	5
5	6	7	9	4	2	8	3	1

64

4	9	7	5	8	3	1	6	2
1	6	5	4	7	2	8	3	9
8	2	3	1	9	6	7	4	5
2	7	4	3	1	9	6	5	8
6	3	8	7	2	5	9	1	4
9	5	1	6	4	8	3	2	7
3	4	2	9	6	7	5	8	1
7	8	6	2	5	1	4	9	3
5	1	9	8	3	4	2	7	6

65

6	1	2	8	7	9	3	4	5
8	3	7	5	1	4	9	2	6
4	9	5	2	6	3	8	7	1
7	5	4	3	9	6	2	1	8
9	2	1	4	5	8	6	3	7
3	8	6	7	2	1	4	5	9
5	6	3	9	4	7	1	8	2
1	7	8	6	3	2	5	9	4
2	4	9	1	8	5	7	6	3

66

9	3	5	2	4	7	1	8	6
2	8	6	3	1	9	4	5	7
4	7	1	5	6	8	9	3	2
8	1	2	4	7	6	5	9	3
7	4	3	9	2	5	6	1	8
5	6	9	1	8	3	2	7	4
1	5	7	6	3	4	8	2	9
3	9	4	8	5	2	7	6	1
6	2	8	7	9	1	3	4	5

67

1	4	9	8	3	6	5	2	7
8	7	5	4	1	2	3	9	6
6	3	2	7	9	5	4	1	8
7	9	4	2	6	1	8	3	5
2	5	6	3	4	8	9	7	1
3	1	8	5	7	9	2	6	4
9	8	7	1	2	4	6	5	3
4	6	3	9	5	7	1	8	2
5	2	1	6	8	3	7	4	9

68

1	3	6	9	5	2	8	7	4
2	7	8	1	4	3	9	6	5
4	5	9	7	6	8	3	1	2
5	8	7	4	3	6	2	9	1
9	4	2	8	1	5	6	3	7
3	6	1	2	9	7	5	4	8
8	2	4	3	7	9	1	5	6
6	1	3	5	2	4	7	8	9
7	9	5	6	8	1	4	2	3

69

6	3	5	4	7	9	2	8	1
9	8	1	2	6	5	3	4	7
2	7	4	3	8	1	9	6	5
4	9	6	7	5	8	1	2	3
3	5	8	1	9	2	4	7	6
1	2	7	6	3	4	8	5	9
8	1	3	5	2	7	6	9	4
7	4	9	8	1	6	5	3	2
5	6	2	9	4	3	7	1	8

70

6	7	5	4	2	8	3	1	9
3	2	9	1	5	7	4	6	8
4	1	8	6	3	9	2	7	5
8	5	3	2	9	6	7	4	1
9	4	7	5	1	3	8	2	6
2	6	1	7	8	4	9	5	3
7	8	4	3	6	1	5	9	2
5	9	6	8	4	2	1	3	7
1	3	2	9	7	5	6	8	4

71

3	6	4	7	9	8	5	1	2
1	7	9	2	3	5	4	8	6
2	5	8	6	4	1	3	7	9
5	3	2	4	8	6	1	9	7
7	8	1	3	2	9	6	4	5
9	4	6	1	5	7	8	2	3
4	9	3	8	6	2	7	5	1
8	1	5	9	7	3	2	6	4
6	2	7	5	1	4	9	3	8

72

5	1	7	9	2	4	3	8	6
3	9	8	1	6	7	5	2	4
4	6	2	3	5	8	7	9	1
8	4	1	5	3	2	6	7	9
6	2	3	7	9	1	4	5	8
9	7	5	4	8	6	2	1	3
7	8	6	2	4	9	1	3	5
1	5	9	6	7	3	8	4	2
2	3	4	8	1	5	9	6	7

73

5	4	7	1	6	8	3	2	9
9	1	6	2	3	7	4	5	8
2	8	3	4	9	5	1	7	6
6	2	4	7	5	9	8	1	3
7	9	8	3	1	4	5	6	2
1	3	5	6	8	2	7	9	4
3	7	9	5	4	6	2	8	1
8	5	1	9	2	3	6	4	7
4	6	2	8	7	1	9	3	5

74

1	9	3	2	4	6	5	7	8
6	8	4	1	5	7	2	9	3
5	7	2	8	3	9	4	6	1
3	2	5	6	8	4	7	1	9
8	1	7	9	2	5	6	3	4
9	4	6	3	7	1	8	5	2
4	5	1	7	9	8	3	2	6
7	3	9	4	6	2	1	8	5
2	6	8	5	1	3	9	4	7

75

8	3	9	2	7	4	1	5	6
1	5	6	9	3	8	7	4	2
4	2	7	6	1	5	8	9	3
7	6	8	3	4	2	5	1	9
2	4	1	5	6	9	3	8	7
5	9	3	1	8	7	2	6	4
3	8	2	4	5	6	9	7	1
6	1	5	7	9	3	4	2	8
9	7	4	8	2	1	6	3	5

76

9	8	4	2	7	1	3	5	6
6	7	5	9	4	3	2	8	1
2	1	3	6	5	8	9	7	4
8	3	6	1	2	4	5	9	7
5	4	2	7	8	9	1	6	3
1	9	7	3	6	5	4	2	8
7	5	8	4	3	2	6	1	9
4	6	1	5	9	7	8	3	2
3	2	9	8	1	6	7	4	5

77

5	1	4	2	7	9	3	6	8
2	8	3	6	5	4	7	1	9
7	6	9	1	8	3	4	2	5
6	5	8	3	4	1	9	7	2
3	7	1	5	9	2	6	8	4
4	9	2	8	6	7	5	3	1
8	4	5	7	2	6	1	9	3
9	3	7	4	1	8	2	5	6
1	2	6	9	3	5	8	4	7

78

1	9	8	5	3	6	7	4	2
4	6	3	1	2	7	5	9	8
5	7	2	9	8	4	3	1	6
2	8	4	3	5	9	1	6	7
6	1	7	8	4	2	9	3	5
3	5	9	7	6	1	8	2	4
7	4	5	6	1	3	2	8	9
9	2	1	4	7	8	6	5	3
8	3	6	2	9	5	4	7	1

79

8	6	2	3	1	5	9	4	7
9	7	1	8	2	4	6	3	5
5	4	3	6	7	9	8	1	2
4	2	5	7	9	6	1	8	3
6	3	9	1	8	2	5	7	4
7	1	8	5	4	3	2	6	9
1	5	7	9	3	8	4	2	6
3	9	4	2	6	1	7	5	8
2	8	6	4	5	7	3	9	1

80

3	1	2	7	5	6	9	8	4
5	6	8	4	2	9	3	1	7
4	9	7	3	8	1	5	2	6
1	7	9	5	4	8	6	3	2
2	4	6	1	3	7	8	5	9
8	3	5	9	6	2	7	4	1
6	8	1	2	7	5	4	9	3
7	2	4	8	9	3	1	6	5
9	5	3	6	1	4	2	7	8

81

6	4	5	3	1	7	2	8	9
2	3	9	6	4	8	7	1	5
8	1	7	2	5	9	4	6	3
3	5	2	7	6	1	8	9	4
4	7	1	8	9	2	5	3	6
9	8	6	4	3	5	1	7	2
5	6	8	1	2	3	9	4	7
1	2	3	9	7	4	6	5	8
7	9	4	5	8	6	3	2	1

82

3	8	4	7	9	6	2	5	1
7	1	2	5	8	4	9	6	3
5	9	6	3	2	1	7	4	8
1	4	8	2	6	3	5	7	9
2	3	7	9	4	5	8	1	6
6	5	9	8	1	7	4	3	2
9	6	1	4	7	8	3	2	5
8	7	3	1	5	2	6	9	4
4	2	5	6	3	9	1	8	7

83

1	2	5	9	6	4	8	3	7
6	4	8	5	7	3	1	2	9
9	3	7	8	2	1	6	5	4
2	7	6	4	1	5	9	8	3
8	1	4	6	3	9	2	7	5
3	5	9	2	8	7	4	6	1
5	8	1	7	9	6	3	4	2
7	6	3	1	4	2	5	9	8
4	9	2	3	5	8	7	1	6

84

6	1	9	2	8	4	7	3	5
2	4	8	3	7	5	1	6	9
5	7	3	6	9	1	8	2	4
9	8	1	5	2	7	6	4	3
7	2	6	8	4	3	5	9	1
4	3	5	1	6	9	2	7	8
1	5	7	9	3	2	4	8	6
3	6	2	4	1	8	9	5	7
8	9	4	7	5	6	3	1	2

85

1	4	7	9	3	8	2	6	5
9	3	2	4	5	6	8	7	1
5	6	8	7	1	2	4	9	3
6	2	1	3	8	5	7	4	9
3	9	5	6	7	4	1	2	8
8	7	4	2	9	1	5	3	6
2	5	3	1	6	7	9	8	4
7	8	9	5	4	3	6	1	2
4	1	6	8	2	9	3	5	7

86

5	1	4	8	2	9	3	6	7
2	3	8	6	7	4	1	5	9
7	9	6	3	1	5	8	2	4
8	6	7	2	4	3	9	1	5
9	4	2	1	5	8	6	7	3
3	5	1	7	9	6	4	8	2
1	2	3	4	8	7	5	9	6
4	7	9	5	6	1	2	3	8
6	8	5	9	3	2	7	4	1

87

2	8	1	4	6	3	9	5	7
5	3	4	2	9	7	6	8	1
9	7	6	1	8	5	4	2	3
3	4	7	8	5	9	2	1	6
6	9	2	3	7	1	8	4	5
8	1	5	6	2	4	3	7	9
4	6	9	5	1	2	7	3	8
1	2	8	7	3	6	5	9	4
7	5	3	9	4	8	1	6	2

88

3	4	2	5	6	9	7	8	1
6	7	9	8	1	4	3	5	2
1	5	8	7	2	3	4	9	6
4	9	6	3	8	5	1	2	7
8	2	3	1	4	7	9	6	5
7	1	5	6	9	2	8	4	3
5	8	1	9	7	6	2	3	4
2	6	7	4	3	8	5	1	9
9	3	4	2	5	1	6	7	8

89

8	9	3	7	2	4	1	6	5
1	2	7	5	3	6	4	8	9
4	6	5	1	9	8	3	2	7
7	5	1	2	4	9	6	3	8
6	8	9	3	5	1	7	4	2
2	3	4	6	8	7	5	9	1
5	4	6	9	7	2	8	1	3
9	7	8	4	1	3	2	5	6
3	1	2	8	6	5	9	7	4

90

1	8	6	9	5	3	7	4	2
4	5	2	6	7	1	9	3	8
3	7	9	4	8	2	5	6	1
2	4	3	8	9	5	6	1	7
8	1	5	2	6	7	4	9	3
9	6	7	3	1	4	8	2	5
5	9	4	1	2	8	3	7	6
7	3	1	5	4	6	2	8	9
6	2	8	7	3	9	1	5	4

91

3	2	7	6	9	8	1	5	4
5	6	8	1	3	4	7	2	9
9	1	4	2	7	5	3	8	6
7	8	9	4	2	3	6	1	5
1	3	5	8	6	7	4	9	2
2	4	6	9	5	1	8	3	7
8	5	2	7	1	6	9	4	3
6	9	1	3	4	2	5	7	8
4	7	3	5	8	9	2	6	1

92

4	7	2	9	5	3	1	8	6
8	3	6	1	7	2	5	9	4
1	9	5	8	4	6	3	2	7
2	1	7	4	8	9	6	3	5
3	5	8	7	6	1	2	4	9
6	4	9	2	3	5	7	1	8
5	2	4	3	9	7	8	6	1
7	8	3	6	1	4	9	5	2
9	6	1	5	2	8	4	7	3

93

2	4	8	3	1	9	7	6	5
6	3	5	2	4	7	1	8	9
7	9	1	5	8	6	2	3	4
3	1	9	7	5	2	8	4	6
4	8	2	1	6	3	9	5	7
5	7	6	8	9	4	3	2	1
8	2	4	9	7	5	6	1	3
9	5	3	6	2	1	4	7	8
1	6	7	4	3	8	5	9	2

94

1	3	6	7	4	5	9	8	2
4	5	7	8	2	9	3	1	6
2	8	9	6	1	3	5	7	4
8	1	5	2	6	7	4	9	3
6	7	2	9	3	4	8	5	1
3	9	4	5	8	1	6	2	7
9	2	3	1	5	6	7	4	8
5	4	1	3	7	8	2	6	9
7	6	8	4	9	2	1	3	5

95

6	1	3	9	4	7	2	5	8
9	5	4	8	6	2	7	1	3
2	7	8	3	5	1	4	9	6
5	2	1	6	3	8	9	7	4
4	6	7	1	2	9	8	3	5
8	3	9	4	7	5	6	2	1
7	8	2	5	1	6	3	4	9
1	4	6	2	9	3	5	8	7
3	9	5	7	8	4	1	6	2

96

9	1	5	6	2	3	4	8	7
2	7	6	4	5	8	3	9	1
3	8	4	9	7	1	6	5	2
6	4	3	2	1	9	8	7	5
7	5	2	8	3	6	9	1	4
1	9	8	5	4	7	2	3	6
8	2	9	1	6	5	7	4	3
4	3	1	7	8	2	5	6	9
5	6	7	3	9	4	1	2	8

97

6	7	5	4	8	9	3	2	1
8	3	4	6	1	2	7	5	9
1	9	2	3	7	5	6	8	4
4	1	7	2	6	8	5	9	3
5	2	8	9	3	4	1	7	6
9	6	3	7	5	1	2	4	8
2	8	6	5	9	3	4	1	7
7	5	1	8	4	6	9	3	2
3	4	9	1	2	7	8	6	5

98

5	7	8	9	6	2	3	1	4
6	1	9	4	5	3	8	7	2
3	2	4	1	8	7	5	6	9
1	9	6	7	3	5	2	4	8
2	5	3	6	4	8	1	9	7
8	4	7	2	9	1	6	5	3
7	8	5	3	1	9	4	2	6
9	6	1	8	2	4	7	3	5
4	3	2	5	7	6	9	8	1

99

1	4	5	8	3	2	6	9	7
6	9	3	1	5	7	8	2	4
7	2	8	6	9	4	3	5	1
5	8	2	4	7	9	1	6	3
4	6	9	3	1	8	2	7	5
3	7	1	5	2	6	9	4	8
9	1	6	7	4	3	5	8	2
2	3	7	9	8	5	4	1	6
8	5	4	2	6	1	7	3	9

100

2	1	8	4	6	5	3	7	9
4	9	5	3	7	1	2	8	6
3	7	6	9	2	8	4	5	1
6	4	9	7	1	2	8	3	5
8	2	7	6	5	3	1	9	4
1	5	3	8	9	4	7	6	2
7	3	1	5	4	9	6	2	8
5	8	4	2	3	6	9	1	7
9	6	2	1	8	7	5	4	3

101

7	8	5	3	9	1	6	2	4
9	2	1	6	5	4	7	3	8
4	3	6	2	8	7	1	9	5
2	5	9	8	4	6	3	7	1
8	1	7	5	3	9	2	4	6
3	6	4	1	7	2	8	5	9
1	4	8	9	2	3	5	6	7
5	9	3	7	6	8	4	1	2
6	7	2	4	1	5	9	8	3

102

1	7	4	8	2	6	5	3	9
5	3	2	7	9	4	1	6	8
9	6	8	1	5	3	7	4	2
8	1	6	2	3	7	4	9	5
3	5	9	4	1	8	6	2	7
2	4	7	5	6	9	3	8	1
6	8	3	9	7	1	2	5	4
7	9	5	3	4	2	8	1	6
4	2	1	6	8	5	9	7	3

103

2	8	9	4	1	7	6	3	5
4	5	3	9	8	6	2	7	1
6	1	7	3	5	2	4	8	9
3	9	2	7	6	4	5	1	8
8	4	1	5	9	3	7	2	6
5	7	6	1	2	8	3	9	4
9	3	4	8	7	5	1	6	2
1	2	5	6	3	9	8	4	7
7	6	8	2	4	1	9	5	3

104

7	5	9	8	4	6	3	1	2
8	1	2	9	3	7	5	6	4
6	4	3	1	5	2	8	9	7
2	9	6	7	8	5	1	4	3
1	7	5	4	6	3	9	2	8
4	3	8	2	9	1	7	5	6
5	8	1	6	7	4	2	3	9
3	6	7	5	2	9	4	8	1
9	2	4	3	1	8	6	7	5

105

5	4	1	8	7	2	3	6	9
8	6	2	9	3	1	4	5	7
3	9	7	6	5	4	8	2	1
9	1	6	3	4	5	7	8	2
7	2	3	1	8	6	5	9	4
4	5	8	7	2	9	1	3	6
2	7	4	5	6	3	9	1	8
1	8	5	2	9	7	6	4	3
6	3	9	4	1	8	2	7	5

106

1	2	6	4	8	5	3	9	7
7	8	5	6	3	9	4	2	1
9	4	3	7	1	2	6	5	8
5	3	8	2	7	6	1	4	9
2	9	7	8	4	1	5	3	6
6	1	4	5	9	3	7	8	2
8	6	2	3	5	7	9	1	4
4	5	1	9	6	8	2	7	3
3	7	9	1	2	4	8	6	5

107

7	9	6	3	8	5	4	1	2
3	2	8	9	4	1	5	6	7
4	1	5	6	2	7	8	9	3
9	5	7	2	6	3	1	8	4
2	4	3	8	1	9	6	7	5
8	6	1	5	7	4	3	2	9
1	7	9	4	5	8	2	3	6
5	3	2	1	9	6	7	4	8
6	8	4	7	3	2	9	5	1

108

3	6	1	9	5	7	8	4	2
7	2	8	1	4	3	6	5	9
5	9	4	2	6	8	3	7	1
4	7	2	3	9	1	5	8	6
1	8	6	7	2	5	9	3	4
9	3	5	6	8	4	1	2	7
2	4	9	5	3	6	7	1	8
8	1	3	4	7	9	2	6	5
6	5	7	8	1	2	4	9	3

109

8	3	1	4	7	6	9	2	5
7	5	9	1	2	3	6	8	4
4	6	2	5	8	9	7	3	1
3	9	7	2	6	1	4	5	8
6	4	8	7	3	5	2	1	9
2	1	5	8	9	4	3	7	6
1	7	4	6	5	2	8	9	3
9	2	6	3	1	8	5	4	7
5	8	3	9	4	7	1	6	2

110

7	8	3	1	4	5	2	6	9
5	9	2	3	6	7	4	1	8
6	4	1	9	2	8	7	5	3
4	3	8	6	5	2	1	9	7
2	5	7	4	9	1	3	8	6
9	1	6	8	7	3	5	4	2
3	2	9	5	1	6	8	7	4
1	7	4	2	8	9	6	3	5
8	6	5	7	3	4	9	2	1

111

6	7	8	3	1	4	5	9	2
3	5	9	2	7	6	8	1	4
4	2	1	5	8	9	6	3	7
1	3	6	8	2	7	4	5	9
8	4	5	6	9	3	2	7	1
7	9	2	4	5	1	3	8	6
2	1	4	9	3	5	7	6	8
9	8	3	7	6	2	1	4	5
5	6	7	1	4	8	9	2	3

112

1	5	2	8	6	9	4	7	3
9	8	4	3	7	5	2	1	6
7	6	3	4	2	1	9	5	8
4	1	7	9	3	6	5	8	2
5	3	6	1	8	2	7	4	9
2	9	8	5	4	7	6	3	1
8	4	5	6	9	3	1	2	7
3	7	9	2	1	4	8	6	5
6	2	1	7	5	8	3	9	4

113

5	3	1	6	9	8	4	2	7
2	7	4	1	3	5	9	8	6
9	6	8	2	4	7	5	1	3
8	9	7	3	5	1	6	4	2
1	5	6	4	7	2	3	9	8
3	4	2	9	8	6	1	7	5
4	2	9	8	6	3	7	5	1
7	8	3	5	1	9	2	6	4
6	1	5	7	2	4	8	3	9

114

3	1	4	7	9	5	6	8	2
9	2	7	8	3	6	4	5	1
8	6	5	2	4	1	7	3	9
1	9	8	3	6	2	5	4	7
7	5	6	4	8	9	2	1	3
4	3	2	5	1	7	8	9	6
6	4	3	9	7	8	1	2	5
5	8	1	6	2	3	9	7	4
2	7	9	1	5	4	3	6	8

115

7	3	6	9	2	5	4	1	8
1	4	8	6	7	3	2	5	9
5	2	9	8	4	1	7	3	6
6	8	2	1	5	9	3	7	4
3	7	5	4	8	2	6	9	1
9	1	4	7	3	6	8	2	5
8	9	7	2	1	4	5	6	3
2	6	3	5	9	8	1	4	7
4	5	1	3	6	7	9	8	2

116

5	4	1	8	3	6	2	7	9
9	2	7	1	4	5	3	8	6
8	6	3	9	7	2	4	5	1
1	5	4	7	2	3	6	9	8
7	3	9	6	8	1	5	2	4
6	8	2	5	9	4	7	1	3
3	9	8	2	6	7	1	4	5
2	1	6	4	5	8	9	3	7
4	7	5	3	1	9	8	6	2

117

5	2	3	7	8	1	4	6	9
7	4	6	9	5	3	2	1	8
8	1	9	6	2	4	5	3	7
1	9	8	3	4	2	6	7	5
6	3	2	5	7	9	8	4	1
4	7	5	1	6	8	3	9	2
3	8	4	2	1	7	9	5	6
9	6	1	8	3	5	7	2	4
2	5	7	4	9	6	1	8	3

118

2	7	5	3	4	1	9	6	8
9	4	6	8	2	7	5	1	3
3	8	1	6	5	9	2	7	4
8	3	2	1	9	4	7	5	6
5	6	9	7	8	2	4	3	1
4	1	7	5	6	3	8	2	9
1	2	3	9	7	8	6	4	5
7	5	8	4	3	6	1	9	2
6	9	4	2	1	5	3	8	7

119

3	4	6	2	8	9	5	1	7
9	1	5	3	7	4	2	8	6
2	8	7	1	6	5	4	3	9
8	7	3	4	1	2	9	6	5
4	5	1	9	3	6	8	7	2
6	9	2	8	5	7	1	4	3
1	6	8	5	9	3	7	2	4
5	3	4	7	2	1	6	9	8
7	2	9	6	4	8	3	5	1

120

7	3	5	1	4	8	2	9	6
8	2	1	9	7	6	5	3	4
4	9	6	3	5	2	7	8	1
9	1	7	6	8	4	3	5	2
3	6	8	2	9	5	1	4	7
2	5	4	7	1	3	8	6	9
5	8	2	4	6	1	9	7	3
1	4	9	8	3	7	6	2	5
6	7	3	5	2	9	4	1	8

121

8	2	4	7	1	6	3	5	9
5	7	9	2	8	3	4	1	6
3	6	1	9	4	5	7	8	2
6	8	5	4	7	2	9	3	1
1	9	7	5	3	8	2	6	4
2	4	3	1	6	9	5	7	8
9	3	8	6	5	4	1	2	7
7	5	2	8	9	1	6	4	3
4	1	6	3	2	7	8	9	5

122

4	9	5	8	2	7	3	1	6
2	3	7	5	1	6	4	8	9
8	1	6	4	9	3	2	7	5
9	4	2	7	5	8	6	3	1
6	8	1	3	4	2	9	5	7
7	5	3	1	6	9	8	4	2
3	6	4	9	7	1	5	2	8
5	7	9	2	8	4	1	6	3
1	2	8	6	3	5	7	9	4

123

8	4	1	2	9	7	5	6	3
5	9	6	3	1	4	2	8	7
7	2	3	5	6	8	4	1	9
9	3	7	8	2	1	6	4	5
2	6	8	4	5	3	7	9	1
4	1	5	6	7	9	8	3	2
6	8	2	1	3	5	9	7	4
3	7	4	9	8	2	1	5	6
1	5	9	7	4	6	3	2	8

124

2	6	3	5	8	4	7	1	9
9	5	4	1	7	2	3	6	8
7	1	8	3	6	9	4	2	5
6	9	2	4	1	3	5	8	7
8	3	1	7	9	5	6	4	2
4	7	5	6	2	8	1	9	3
1	2	7	9	3	6	8	5	4
5	8	6	2	4	7	9	3	1
3	4	9	8	5	1	2	7	6

125

4	3	2	5	8	6	9	1	7
5	7	8	9	1	3	6	4	2
6	9	1	7	2	4	5	3	8
9	1	6	8	4	5	2	7	3
7	5	3	1	6	2	8	9	4
8	2	4	3	7	9	1	5	6
2	8	7	4	9	1	3	6	5
1	6	5	2	3	7	4	8	9
3	4	9	6	5	8	7	2	1

126

6	7	8	1	9	2	4	3	5
3	9	4	6	8	5	2	1	7
5	1	2	4	3	7	8	6	9
4	3	7	8	6	1	5	9	2
8	2	5	3	7	9	1	4	6
9	6	1	2	5	4	3	7	8
2	5	3	7	1	6	9	8	4
7	8	9	5	4	3	6	2	1
1	4	6	9	2	8	7	5	3

127

1	4	7	5	9	8	2	3	6
2	9	5	7	3	6	1	8	4
6	3	8	1	4	2	7	5	9
3	8	6	4	5	7	9	1	2
4	7	2	8	1	9	3	6	5
5	1	9	2	6	3	4	7	8
7	5	3	9	8	4	6	2	1
8	2	4	6	7	1	5	9	3
9	6	1	3	2	5	8	4	7

128

4	5	9	1	7	3	2	8	6
7	8	6	4	9	2	3	5	1
2	1	3	8	5	6	4	7	9
8	2	1	3	4	9	7	6	5
6	3	7	2	8	5	9	1	4
5	9	4	6	1	7	8	2	3
3	6	8	9	2	1	5	4	7
1	7	2	5	3	4	6	9	8
9	4	5	7	6	8	1	3	2

129

9	1	5	4	6	3	7	2	8
4	7	8	2	5	9	3	1	6
6	3	2	7	8	1	5	4	9
2	6	9	5	4	8	1	7	3
3	5	1	9	7	2	8	6	4
7	8	4	1	3	6	9	5	2
8	4	6	3	1	5	2	9	7
1	9	3	6	2	7	4	8	5
5	2	7	8	9	4	6	3	1

130

8	4	9	6	5	1	2	7	3
3	5	6	9	2	7	1	8	4
7	1	2	8	4	3	5	9	6
2	8	7	4	9	5	3	6	1
6	3	5	7	1	8	4	2	9
4	9	1	3	6	2	7	5	8
1	7	3	5	8	9	6	4	2
5	6	8	2	3	4	9	1	7
9	2	4	1	7	6	8	3	5

131

7	2	3	9	8	4	5	1	6
8	1	9	3	6	5	4	7	2
4	6	5	7	1	2	9	8	3
5	7	4	2	9	3	1	6	8
3	8	2	6	4	1	7	5	9
1	9	6	5	7	8	3	2	4
6	5	7	8	3	9	2	4	1
9	4	8	1	2	7	6	3	5
2	3	1	4	5	6	8	9	7

132

5	4	2	9	1	8	3	6	7
7	8	3	4	6	5	1	9	2
9	1	6	2	7	3	5	4	8
8	2	9	7	3	6	4	5	1
1	3	7	5	8	4	9	2	6
4	6	5	1	2	9	8	7	3
2	5	1	8	9	7	6	3	4
6	9	8	3	4	2	7	1	5
3	7	4	6	5	1	2	8	9

133

1	8	5	9	7	3	2	4	6
4	6	2	5	1	8	3	9	7
7	3	9	6	4	2	8	1	5
5	4	3	8	9	1	6	7	2
6	9	8	2	5	7	1	3	4
2	1	7	4	3	6	9	5	8
8	5	1	3	6	4	7	2	9
3	2	4	7	8	9	5	6	1
9	7	6	1	2	5	4	8	3

134

5	3	2	1	4	8	6	9	7
7	8	4	9	6	5	3	2	1
1	6	9	2	7	3	4	5	8
3	1	7	5	2	6	8	4	9
4	9	6	8	3	7	5	1	2
2	5	8	4	1	9	7	6	3
9	2	3	6	8	4	1	7	5
6	7	5	3	9	1	2	8	4
8	4	1	7	5	2	9	3	6

135

9	3	1	2	5	4	7	8	6
2	7	6	8	3	1	9	5	4
4	8	5	7	9	6	2	3	1
3	4	2	5	6	7	8	1	9
1	6	7	3	8	9	4	2	5
5	9	8	4	1	2	6	7	3
6	2	4	1	7	3	5	9	8
7	5	3	9	4	8	1	6	2
8	1	9	6	2	5	3	4	7

136

2	8	7	1	5	6	4	9	3
4	3	5	2	9	8	1	7	6
6	1	9	7	4	3	5	8	2
3	4	2	5	8	7	9	6	1
5	6	1	4	3	9	7	2	8
7	9	8	6	1	2	3	5	4
8	5	4	9	6	1	2	3	7
1	2	6	3	7	5	8	4	9
9	7	3	8	2	4	6	1	5

137

5	2	1	6	4	9	8	7	3
8	6	4	3	1	7	5	9	2
7	3	9	8	2	5	4	6	1
2	9	8	5	6	1	7	3	4
3	4	7	9	8	2	6	1	5
6	1	5	4	7	3	9	2	8
1	5	3	7	9	8	2	4	6
4	7	2	1	5	6	3	8	9
9	8	6	2	3	4	1	5	7

138

4	6	1	5	7	9	3	8	2
3	8	9	4	2	6	5	1	7
2	5	7	1	8	3	6	9	4
5	9	3	7	6	2	1	4	8
7	1	2	8	3	4	9	5	6
6	4	8	9	1	5	7	2	3
8	7	4	3	9	1	2	6	5
9	2	5	6	4	7	8	3	1
1	3	6	2	5	8	4	7	9

139

8	9	6	4	7	1	2	5	3
4	5	3	8	2	9	6	1	7
2	1	7	6	3	5	8	4	9
3	2	5	9	1	6	4	7	8
1	4	9	2	8	7	3	6	5
7	6	8	3	5	4	1	9	2
6	8	4	5	9	3	7	2	1
9	3	1	7	6	2	5	8	4
5	7	2	1	4	8	9	3	6

140

4	9	3	2	1	8	7	5	6
5	1	8	7	4	6	3	9	2
6	2	7	9	5	3	8	4	1
2	5	9	6	3	4	1	8	7
8	3	4	1	9	7	2	6	5
7	6	1	5	8	2	4	3	9
1	8	5	3	2	9	6	7	4
9	4	6	8	7	1	5	2	3
3	7	2	4	6	5	9	1	8

141

6	9	1	3	7	5	2	8	4
8	2	7	6	1	4	5	9	3
5	3	4	8	9	2	6	7	1
9	5	6	1	8	3	4	2	7
7	1	3	4	2	9	8	6	5
2	4	8	7	5	6	3	1	9
3	7	2	9	4	8	1	5	6
1	6	5	2	3	7	9	4	8
4	8	9	5	6	1	7	3	2

142

8	9	5	1	3	4	2	7	6
6	1	3	2	9	7	4	8	5
7	4	2	5	8	6	3	1	9
1	6	4	3	7	9	5	2	8
3	5	9	8	4	2	1	6	7
2	8	7	6	1	5	9	4	3
4	7	8	9	5	1	6	3	2
5	2	1	7	6	3	8	9	4
9	3	6	4	2	8	7	5	1

143

2	9	1	4	5	8	6	7	3
3	8	6	7	2	9	4	1	5
7	5	4	3	6	1	9	8	2
5	1	7	6	8	2	3	9	4
8	6	3	9	4	7	2	5	1
9	4	2	1	3	5	7	6	8
6	2	9	8	1	4	5	3	7
1	3	5	2	7	6	8	4	9
4	7	8	5	9	3	1	2	6

144

8	1	9	3	5	4	7	2	6
2	6	5	1	8	7	3	9	4
7	4	3	6	9	2	5	1	8
6	8	1	5	3	9	4	7	2
9	7	2	8	4	6	1	5	3
5	3	4	2	7	1	6	8	9
1	9	7	4	6	8	2	3	5
3	2	6	9	1	5	8	4	7
4	5	8	7	2	3	9	6	1

145

3	2	1	7	5	8	9	6	4
5	8	9	2	6	4	3	7	1
4	6	7	1	9	3	8	5	2
6	3	5	8	2	1	7	4	9
7	1	2	5	4	9	6	3	8
8	9	4	3	7	6	1	2	5
2	5	3	9	8	7	4	1	6
1	4	8	6	3	2	5	9	7
9	7	6	4	1	5	2	8	3

146

7	6	1	8	3	5	4	2	9
9	2	4	1	7	6	5	8	3
3	8	5	4	2	9	1	6	7
5	7	9	6	8	3	2	1	4
1	4	2	5	9	7	6	3	8
6	3	8	2	1	4	7	9	5
4	9	6	3	5	1	8	7	2
2	1	3	7	4	8	9	5	6
8	5	7	9	6	2	3	4	1

147

4	9	6	2	7	5	1	3	8
7	3	2	9	8	1	6	5	4
8	5	1	6	3	4	2	7	9
3	1	4	7	2	8	9	6	5
9	6	7	5	4	3	8	1	2
5	2	8	1	9	6	3	4	7
6	4	5	8	1	9	7	2	3
1	7	9	3	5	2	4	8	6
2	8	3	4	6	7	5	9	1

148

2	9	1	6	8	4	7	5	3
3	6	8	5	7	1	2	4	9
4	7	5	3	2	9	1	6	8
9	5	7	4	1	8	3	2	6
8	1	3	2	6	5	9	7	4
6	2	4	7	9	3	8	1	5
5	4	9	1	3	7	6	8	2
1	8	2	9	4	6	5	3	7
7	3	6	8	5	2	4	9	1

149

6	2	4	9	8	5	1	3	7
9	8	1	7	6	3	5	2	4
7	3	5	4	2	1	6	8	9
1	5	3	8	4	9	2	7	6
8	7	6	3	5	2	9	4	1
2	4	9	1	7	6	3	5	8
4	1	2	6	3	7	8	9	5
3	6	7	5	9	8	4	1	2
5	9	8	2	1	4	7	6	3

150

4	3	5	2	7	8	9	6	1
6	8	7	5	1	9	4	3	2
2	9	1	6	4	3	7	5	8
8	6	4	3	9	1	2	7	5
5	1	9	7	6	2	3	8	4
7	2	3	4	8	5	1	9	6
3	4	6	8	2	7	5	1	9
9	7	2	1	5	6	8	4	3
1	5	8	9	3	4	6	2	7

151

3	5	1	2	8	9	7	4	6
2	4	9	6	7	1	5	3	8
8	7	6	3	4	5	2	1	9
4	6	7	5	9	8	3	2	1
5	9	3	1	2	4	8	6	7
1	2	8	7	6	3	4	9	5
9	3	5	4	1	7	6	8	2
6	8	4	9	5	2	1	7	3
7	1	2	8	3	6	9	5	4

152

9	5	2	4	3	6	7	8	1
1	4	3	8	7	2	6	9	5
6	8	7	5	9	1	4	3	2
7	3	4	9	2	5	1	6	8
5	6	8	3	1	7	9	2	4
2	1	9	6	8	4	5	7	3
8	7	6	1	5	3	2	4	9
4	9	5	2	6	8	3	1	7
3	2	1	7	4	9	8	5	6

153

8	1	9	6	3	7	4	5	2
5	4	3	8	9	2	1	7	6
7	2	6	1	5	4	9	8	3
1	5	4	7	2	3	8	6	9
2	3	8	9	6	5	7	4	1
6	9	7	4	8	1	2	3	5
3	8	1	2	4	6	5	9	7
9	6	2	5	7	8	3	1	4
4	7	5	3	1	9	6	2	8

154

3	5	6	4	1	2	7	8	9
2	7	4	5	8	9	6	1	3
9	8	1	6	7	3	4	2	5
6	2	9	1	3	7	5	4	8
7	1	3	8	4	5	2	9	6
5	4	8	2	9	6	3	7	1
4	9	2	3	6	8	1	5	7
1	3	7	9	5	4	8	6	2
8	6	5	7	2	1	9	3	4

155

9	3	2	4	7	6	8	1	5
8	1	6	5	2	3	9	7	4
4	5	7	9	1	8	6	3	2
3	9	5	7	4	1	2	6	8
2	6	1	8	3	9	5	4	7
7	8	4	6	5	2	3	9	1
5	4	3	2	6	7	1	8	9
1	7	8	3	9	5	4	2	6
6	2	9	1	8	4	7	5	3

156

5	3	6	2	4	7	8	1	9
9	7	1	5	3	8	4	6	2
8	4	2	1	9	6	7	3	5
7	5	3	8	2	9	1	4	6
6	1	9	4	7	5	3	2	8
2	8	4	3	6	1	5	9	7
3	9	7	6	5	4	2	8	1
4	6	8	7	1	2	9	5	3
1	2	5	9	8	3	6	7	4

157

4	3	2	5	6	9	8	1	7
5	8	9	1	7	4	2	3	6
6	7	1	3	2	8	9	5	4
9	2	5	7	4	6	3	8	1
3	4	8	9	5	1	6	7	2
1	6	7	2	8	3	5	4	9
7	5	4	8	9	2	1	6	3
2	1	6	4	3	5	7	9	8
8	9	3	6	1	7	4	2	5

158

7	3	2	5	4	8	6	1	9
9	5	8	2	6	1	4	7	3
1	4	6	7	3	9	2	8	5
2	8	5	4	9	6	7	3	1
4	6	7	1	5	3	8	9	2
3	1	9	8	7	2	5	6	4
8	9	3	6	2	5	1	4	7
6	2	4	9	1	7	3	5	8
5	7	1	3	8	4	9	2	6

159

3	5	9	8	4	6	2	1	7
2	6	4	9	7	1	5	3	8
7	1	8	5	2	3	4	6	9
6	9	5	7	1	4	3	8	2
4	3	7	6	8	2	1	9	5
1	8	2	3	9	5	6	7	4
5	7	6	2	3	8	9	4	1
9	4	3	1	5	7	8	2	6
8	2	1	4	6	9	7	5	3

160

5	4	2	8	9	7	3	6	1
9	8	1	2	3	6	4	5	7
6	3	7	4	5	1	9	2	8
1	9	5	6	4	3	8	7	2
2	6	8	9	7	5	1	3	4
3	7	4	1	8	2	5	9	6
8	2	6	3	1	9	7	4	5
7	1	3	5	6	4	2	8	9
4	5	9	7	2	8	6	1	3

161

9	2	5	8	3	7	6	4	1
7	3	1	2	4	6	8	5	9
4	8	6	1	5	9	7	3	2
1	9	4	5	6	2	3	7	8
8	6	7	4	1	3	9	2	5
3	5	2	9	7	8	1	6	4
5	1	3	7	8	4	2	9	6
6	4	9	3	2	1	5	8	7
2	7	8	6	9	5	4	1	3

162

5	4	8	1	6	3	7	9	2
2	3	6	7	4	9	8	5	1
9	1	7	5	2	8	3	4	6
7	9	3	6	5	1	4	2	8
6	8	5	2	9	4	1	3	7
4	2	1	8	3	7	9	6	5
1	6	9	3	7	2	5	8	4
8	5	4	9	1	6	2	7	3
3	7	2	4	8	5	6	1	9

163

3	5	1	4	8	6	7	2	9
7	9	6	2	5	1	3	4	8
2	4	8	3	7	9	6	1	5
6	1	2	9	4	8	5	3	7
5	8	4	1	3	7	9	6	2
9	3	7	5	6	2	1	8	4
8	2	5	7	1	3	4	9	6
1	7	9	6	2	4	8	5	3
4	6	3	8	9	5	2	7	1

164

5	4	2	8	9	6	1	3	7
6	9	7	1	4	3	5	2	8
1	8	3	5	2	7	4	9	6
3	2	8	7	5	4	9	6	1
7	6	9	3	1	8	2	5	4
4	5	1	9	6	2	8	7	3
9	7	4	2	3	1	6	8	5
2	3	6	4	8	5	7	1	9
8	1	5	6	7	9	3	4	2

165

1	9	2	4	3	8	6	7	5
8	7	5	2	1	6	9	4	3
4	6	3	5	7	9	2	1	8
3	8	1	6	2	7	5	9	4
7	5	4	1	9	3	8	6	2
6	2	9	8	5	4	1	3	7
5	3	6	9	4	2	7	8	1
9	1	7	3	8	5	4	2	6
2	4	8	7	6	1	3	5	9

166

4	1	2	9	8	5	7	6	3
7	5	3	4	1	6	8	9	2
9	8	6	3	2	7	1	4	5
2	7	1	5	6	8	9	3	4
5	4	9	1	7	3	6	2	8
3	6	8	2	4	9	5	1	7
6	3	4	7	5	1	2	8	9
1	9	5	8	3	2	4	7	6
8	2	7	6	9	4	3	5	1

167

9	5	4	1	6	8	7	2	3
6	1	8	7	2	3	5	4	9
7	3	2	9	5	4	8	1	6
8	7	3	5	1	2	9	6	4
4	6	1	8	9	7	2	3	5
5	2	9	3	4	6	1	8	7
3	9	7	6	8	1	4	5	2
2	8	6	4	7	5	3	9	1
1	4	5	2	3	9	6	7	8

168

2	9	8	1	7	3	4	6	5
1	5	4	6	2	9	7	8	3
3	7	6	4	5	8	2	1	9
6	8	2	5	1	7	9	3	4
7	4	9	3	8	6	1	5	2
5	3	1	2	9	4	6	7	8
9	1	5	7	3	2	8	4	6
8	6	7	9	4	5	3	2	1
4	2	3	8	6	1	5	9	7

169

7	6	3	9	8	5	2	1	4
8	1	2	7	6	4	3	9	5
5	9	4	3	1	2	8	6	7
1	4	5	2	9	8	6	7	3
3	7	9	4	5	6	1	8	2
6	2	8	1	7	3	4	5	9
4	5	1	8	2	7	9	3	6
9	3	6	5	4	1	7	2	8
2	8	7	6	3	9	5	4	1

170

2	4	8	7	3	5	9	6	1
1	7	3	9	6	8	4	2	5
5	9	6	2	1	4	7	8	3
4	3	9	1	5	2	6	7	8
8	5	1	6	4	7	3	9	2
6	2	7	8	9	3	5	1	4
3	1	2	4	7	6	8	5	9
7	8	5	3	2	9	1	4	6
9	6	4	5	8	1	2	3	7

171

7	3	6	1	8	5	2	4	9
2	4	1	9	7	6	8	5	3
9	8	5	4	3	2	7	1	6
1	9	3	8	5	7	6	2	4
4	5	8	2	6	9	3	7	1
6	7	2	3	4	1	5	9	8
8	1	9	7	2	3	4	6	5
5	2	4	6	1	8	9	3	7
3	6	7	5	9	4	1	8	2

172

8	3	2	4	6	9	1	7	5
1	9	6	5	7	8	2	4	3
7	5	4	3	1	2	8	9	6
5	2	1	7	4	6	9	3	8
6	8	7	1	9	3	4	5	2
3	4	9	8	2	5	6	1	7
9	1	8	6	3	7	5	2	4
4	7	5	2	8	1	3	6	9
2	6	3	9	5	4	7	8	1

173

9	1	8	5	4	6	7	3	2
6	3	4	2	7	1	9	5	8
5	2	7	9	3	8	6	1	4
7	8	1	4	2	9	3	6	5
2	5	9	6	1	3	4	8	7
4	6	3	7	8	5	2	9	1
3	7	5	8	9	4	1	2	6
8	9	2	1	6	7	5	4	3
1	4	6	3	5	2	8	7	9

174

6	8	2	4	9	3	5	7	1
7	3	1	2	8	5	6	9	4
9	5	4	7	1	6	8	3	2
4	2	6	9	3	8	7	1	5
3	7	8	5	2	1	4	6	9
5	1	9	6	7	4	2	8	3
2	4	7	3	6	9	1	5	8
1	9	5	8	4	7	3	2	6
8	6	3	1	5	2	9	4	7

175

3	4	9	2	6	7	8	1	5
5	8	7	1	4	3	6	9	2
6	2	1	9	5	8	3	4	7
4	6	3	7	9	2	5	8	1
7	1	8	5	3	4	9	2	6
2	9	5	6	8	1	7	3	4
1	7	6	3	2	9	4	5	8
8	3	2	4	7	5	1	6	9
9	5	4	8	1	6	2	7	3

176

9	5	4	7	2	8	6	1	3
8	1	7	3	6	4	5	2	9
3	2	6	5	9	1	8	4	7
6	4	1	8	7	2	3	9	5
7	9	8	4	5	3	1	6	2
2	3	5	9	1	6	4	7	8
4	7	9	1	3	5	2	8	6
1	6	3	2	8	7	9	5	4
5	8	2	6	4	9	7	3	1

177

2	9	1	6	8	3	5	4	7
5	7	6	2	4	1	3	9	8
8	3	4	7	5	9	2	6	1
7	1	5	8	2	6	9	3	4
9	2	8	3	7	4	6	1	5
4	6	3	9	1	5	7	8	2
6	5	7	4	3	8	1	2	9
3	8	2	1	9	7	4	5	6
1	4	9	5	6	2	8	7	3

178

9	4	5	3	7	2	1	6	8
2	6	8	9	4	1	5	3	7
7	1	3	8	6	5	9	2	4
4	3	2	1	5	8	6	7	9
5	9	7	2	3	6	4	8	1
6	8	1	4	9	7	3	5	2
1	5	6	7	2	4	8	9	3
3	2	4	5	8	9	7	1	6
8	7	9	6	1	3	2	4	5

179

7	3	2	4	8	6	1	5	9
5	1	8	9	2	3	6	4	7
6	9	4	7	1	5	2	3	8
8	4	5	6	9	1	3	7	2
1	7	3	2	5	8	4	9	6
9	2	6	3	7	4	8	1	5
3	5	7	8	4	2	9	6	1
4	8	1	5	6	9	7	2	3
2	6	9	1	3	7	5	8	4

180

5	9	6	2	1	7	3	4	8
4	8	1	6	5	3	2	9	7
2	7	3	9	8	4	6	5	1
7	1	4	8	2	6	5	3	9
9	3	8	1	4	5	7	2	6
6	5	2	3	7	9	8	1	4
1	6	7	4	3	2	9	8	5
8	2	9	5	6	1	4	7	3
3	4	5	7	9	8	1	6	2

181

2	8	7	9	3	5	6	1	4
6	3	4	2	8	1	9	5	7
5	1	9	6	7	4	8	2	3
3	6	8	4	5	7	2	9	1
7	2	1	8	9	6	3	4	5
9	4	5	3	1	2	7	8	6
4	9	3	1	6	8	5	7	2
1	5	6	7	2	9	4	3	8
8	7	2	5	4	3	1	6	9

182

9	7	5	8	1	6	4	2	3
2	8	3	5	7	4	6	9	1
1	4	6	9	3	2	7	8	5
8	1	4	2	6	9	5	3	7
6	3	9	7	5	8	2	1	4
5	2	7	1	4	3	9	6	8
4	6	2	3	8	5	1	7	9
7	9	8	4	2	1	3	5	6
3	5	1	6	9	7	8	4	2

183

7	4	5	3	8	6	1	9	2
1	8	9	5	2	4	7	3	6
6	3	2	1	9	7	5	4	8
5	9	4	8	6	1	2	7	3
8	6	3	9	7	2	4	5	1
2	1	7	4	5	3	6	8	9
4	5	8	6	1	9	3	2	7
9	7	6	2	3	5	8	1	4
3	2	1	7	4	8	9	6	5

184

7	8	3	5	2	6	1	9	4
5	9	2	1	4	7	6	3	8
6	4	1	9	3	8	5	2	7
2	7	9	8	6	5	4	1	3
4	3	6	7	1	2	9	8	5
1	5	8	3	9	4	7	6	2
9	1	7	4	8	3	2	5	6
8	2	4	6	5	1	3	7	9
3	6	5	2	7	9	8	4	1

185

9	7	1	5	8	6	4	2	3
6	2	5	4	3	7	8	9	1
8	4	3	2	9	1	6	7	5
2	5	9	8	6	4	3	1	7
4	3	8	7	1	2	5	6	9
7	1	6	9	5	3	2	4	8
1	9	2	3	4	8	7	5	6
3	6	7	1	2	5	9	8	4
5	8	4	6	7	9	1	3	2

186

1	8	2	7	3	5	4	9	6
6	7	3	8	4	9	1	2	5
4	5	9	2	6	1	3	8	7
9	2	8	4	7	3	5	6	1
7	1	4	5	8	6	2	3	9
3	6	5	1	9	2	8	7	4
5	3	7	9	1	8	6	4	2
8	9	1	6	2	4	7	5	3
2	4	6	3	5	7	9	1	8

187

1	6	3	7	8	9	5	2	4
2	4	9	5	1	6	3	8	7
5	8	7	3	2	4	9	6	1
3	2	6	1	9	8	7	4	5
9	7	5	4	3	2	6	1	8
8	1	4	6	7	5	2	9	3
4	3	8	2	6	7	1	5	9
7	5	2	9	4	1	8	3	6
6	9	1	8	5	3	4	7	2

188

4	6	1	3	7	5	2	9	8
2	3	8	6	9	1	5	7	4
5	9	7	2	4	8	6	1	3
1	5	6	4	3	9	7	8	2
7	2	3	8	5	6	9	4	1
8	4	9	1	2	7	3	6	5
3	7	5	9	8	4	1	2	6
6	8	2	7	1	3	4	5	9
9	1	4	5	6	2	8	3	7

189

2	7	5	8	4	1	6	3	9
6	9	8	5	7	3	2	4	1
3	1	4	6	9	2	7	5	8
1	4	6	2	3	9	5	8	7
7	8	2	4	1	5	9	6	3
5	3	9	7	8	6	1	2	4
4	5	3	1	2	7	8	9	6
8	6	1	9	5	4	3	7	2
9	2	7	3	6	8	4	1	5

190

2	3	8	6	1	4	5	7	9
5	6	9	7	8	2	4	1	3
7	1	4	5	9	3	2	8	6
9	4	2	3	5	7	1	6	8
3	7	5	8	6	1	9	2	4
6	8	1	4	2	9	7	3	5
8	2	7	9	3	5	6	4	1
4	5	6	1	7	8	3	9	2
1	9	3	2	4	6	8	5	7

191

7	9	6	4	3	5	1	8	2
4	3	8	2	6	1	9	5	7
1	2	5	7	9	8	6	3	4
3	5	1	6	7	9	2	4	8
8	4	9	3	5	2	7	6	1
2	6	7	1	8	4	5	9	3
9	1	3	5	4	7	8	2	6
6	8	2	9	1	3	4	7	5
5	7	4	8	2	6	3	1	9

192

6	7	4	3	2	5	9	8	1
8	2	3	4	1	9	5	6	7
1	5	9	8	7	6	3	2	4
9	6	2	7	3	1	8	4	5
3	4	7	9	5	8	6	1	2
5	8	1	6	4	2	7	9	3
7	3	6	2	9	4	1	5	8
4	9	5	1	8	3	2	7	6
2	1	8	5	6	7	4	3	9

193

3	5	8	6	1	7	4	9	2
7	1	2	9	4	5	6	8	3
9	6	4	3	8	2	1	7	5
4	9	6	8	5	3	7	2	1
8	7	1	4	2	9	3	5	6
2	3	5	7	6	1	9	4	8
1	4	7	2	3	8	5	6	9
6	2	3	5	9	4	8	1	7
5	8	9	1	7	6	2	3	4

194

6	7	9	1	2	5	3	8	4
5	3	1	9	8	4	2	7	6
4	2	8	3	6	7	5	1	9
3	4	6	7	9	2	8	5	1
7	1	2	6	5	8	4	9	3
8	9	5	4	3	1	7	6	2
9	5	4	2	7	6	1	3	8
2	8	3	5	1	9	6	4	7
1	6	7	8	4	3	9	2	5

195

1	4	7	9	5	6	8	2	3
2	6	3	8	7	1	5	4	9
8	9	5	3	4	2	6	1	7
5	7	2	1	8	3	9	6	4
6	1	8	4	2	9	7	3	5
9	3	4	5	6	7	1	8	2
7	8	9	2	1	4	3	5	6
3	2	1	6	9	5	4	7	8
4	5	6	7	3	8	2	9	1

196

4	1	7	9	3	5	8	6	2
2	6	5	1	4	8	3	9	7
8	9	3	2	6	7	4	5	1
5	7	6	3	1	2	9	4	8
3	4	8	7	5	9	1	2	6
9	2	1	6	8	4	7	3	5
6	3	4	8	2	1	5	7	9
1	5	9	4	7	6	2	8	3
7	8	2	5	9	3	6	1	4

197

7	3	8	9	4	5	1	2	6
1	5	2	6	7	8	4	9	3
6	4	9	3	2	1	8	5	7
2	6	7	4	9	3	5	8	1
8	9	3	1	5	7	2	6	4
5	1	4	8	6	2	7	3	9
4	8	5	7	3	9	6	1	2
3	7	1	2	8	6	9	4	5
9	2	6	5	1	4	3	7	8

198

2	7	1	5	6	4	8	9	3
8	9	4	3	1	7	6	5	2
3	6	5	9	8	2	7	4	1
7	2	9	8	4	5	3	1	6
1	4	3	7	9	6	2	8	5
6	5	8	2	3	1	4	7	9
5	3	7	4	2	9	1	6	8
4	8	6	1	5	3	9	2	7
9	1	2	6	7	8	5	3	4

199

2	8	4	3	7	1	6	5	9
5	1	9	8	2	6	3	4	7
3	6	7	4	5	9	1	2	8
6	3	5	2	4	8	9	7	1
8	4	1	9	6	7	2	3	5
7	9	2	5	1	3	4	8	6
9	2	3	6	8	5	7	1	4
1	5	6	7	3	4	8	9	2
4	7	8	1	9	2	5	6	3

200

3	7	1	4	2	9	8	6	5
6	4	9	3	8	5	2	7	1
8	5	2	7	1	6	3	4	9
5	6	3	9	7	2	1	8	4
9	2	7	1	4	8	5	3	6
1	8	4	6	5	3	9	2	7
2	1	5	8	6	4	7	9	3
4	9	8	5	3	7	6	1	2
7	3	6	2	9	1	4	5	8

201

1	7	9	8	2	3	6	5	4
6	5	2	7	4	1	8	3	9
4	3	8	5	6	9	7	1	2
8	4	7	2	5	6	1	9	3
5	2	3	9	1	7	4	6	8
9	1	6	4	3	8	5	2	7
3	8	1	6	9	4	2	7	5
2	9	4	1	7	5	3	8	6
7	6	5	3	8	2	9	4	1

202

6	1	9	8	3	7	5	2	4
7	3	4	9	2	5	6	8	1
5	8	2	4	6	1	9	3	7
4	7	5	6	8	2	3	1	9
3	6	1	7	4	9	2	5	8
9	2	8	5	1	3	4	7	6
8	4	7	2	5	6	1	9	3
1	5	6	3	9	8	7	4	2
2	9	3	1	7	4	8	6	5

203

6	7	2	5	8	4	3	1	9
9	8	3	6	1	7	5	2	4
1	4	5	2	9	3	7	6	8
2	5	9	1	3	8	4	7	6
4	6	1	7	2	9	8	3	5
7	3	8	4	6	5	1	9	2
5	1	7	9	4	2	6	8	3
3	2	4	8	7	6	9	5	1
8	9	6	3	5	1	2	4	7

204

1	8	7	3	5	2	6	9	4
4	3	9	6	1	7	8	2	5
5	2	6	8	4	9	3	1	7
7	1	8	9	2	3	4	5	6
2	5	4	1	7	6	9	3	8
6	9	3	5	8	4	2	7	1
9	7	5	2	6	8	1	4	3
8	4	2	7	3	1	5	6	9
3	6	1	4	9	5	7	8	2

205

6	8	9	4	2	7	3	5	1
2	3	7	5	6	1	4	8	9
4	5	1	3	8	9	7	2	6
3	1	4	2	5	6	9	7	8
5	7	6	8	9	4	2	1	3
8	9	2	7	1	3	5	6	4
9	2	8	1	4	5	6	3	7
1	6	3	9	7	2	8	4	5
7	4	5	6	3	8	1	9	2

206

8	1	2	9	4	7	5	6	3
3	4	9	5	6	1	2	8	7
7	5	6	8	3	2	1	4	9
5	2	3	1	7	6	4	9	8
6	7	8	4	5	9	3	1	2
1	9	4	2	8	3	7	5	6
2	6	5	7	1	8	9	3	4
4	3	7	6	9	5	8	2	1
9	8	1	3	2	4	6	7	5

207

8	5	7	6	4	3	9	2	1
4	2	3	1	7	9	5	6	8
9	1	6	2	5	8	3	4	7
7	8	9	5	2	6	4	1	3
2	3	1	7	9	4	6	8	5
5	6	4	8	3	1	7	9	2
3	4	8	9	1	7	2	5	6
6	9	5	3	8	2	1	7	4
1	7	2	4	6	5	8	3	9

208

3	2	4	6	5	7	1	8	9
5	8	7	1	9	3	2	6	4
1	6	9	2	8	4	5	7	3
6	1	2	9	4	8	7	3	5
7	9	8	5	3	2	6	4	1
4	3	5	7	6	1	8	9	2
8	4	6	3	2	5	9	1	7
2	7	3	8	1	9	4	5	6
9	5	1	4	7	6	3	2	8

209

2	8	6	3	7	1	9	4	5
4	7	9	2	5	6	1	8	3
1	5	3	4	9	8	6	2	7
8	4	2	7	6	3	5	1	9
3	6	5	8	1	9	4	7	2
9	1	7	5	4	2	8	3	6
6	9	4	1	3	7	2	5	8
7	2	1	6	8	5	3	9	4
5	3	8	9	2	4	7	6	1

210

4	6	1	8	9	5	2	7	3
8	9	3	6	7	2	4	5	1
7	2	5	3	4	1	8	6	9
3	5	9	1	6	8	7	4	2
1	4	7	2	5	9	6	3	8
2	8	6	4	3	7	9	1	5
5	3	4	9	8	6	1	2	7
6	1	8	7	2	3	5	9	4
9	7	2	5	1	4	3	8	6

211

4	5	9	7	6	1	8	3	2
2	1	6	8	3	5	4	7	9
8	3	7	2	4	9	5	1	6
9	4	1	3	2	6	7	8	5
7	6	3	1	5	8	9	2	4
5	8	2	9	7	4	1	6	3
3	7	8	5	9	2	6	4	1
6	2	5	4	1	7	3	9	8
1	9	4	6	8	3	2	5	7

212

1	7	8	9	5	3	4	6	2
9	4	6	8	1	2	7	3	5
2	3	5	4	6	7	9	1	8
3	6	4	1	9	5	8	2	7
5	9	2	7	8	6	1	4	3
7	8	1	3	2	4	6	5	9
6	2	9	5	7	1	3	8	4
4	1	7	2	3	8	5	9	6
8	5	3	6	4	9	2	7	1

213

5	9	6	2	3	7	4	1	8
7	4	1	6	5	8	9	2	3
2	8	3	4	9	1	6	5	7
4	1	7	8	2	3	5	6	9
8	2	5	9	6	4	3	7	1
3	6	9	1	7	5	2	8	4
6	3	2	7	8	9	1	4	5
9	7	4	5	1	2	8	3	6
1	5	8	3	4	6	7	9	2

214

2	6	1	3	7	5	4	9	8
9	7	4	8	1	6	5	3	2
5	8	3	2	4	9	6	7	1
8	1	5	9	3	4	2	6	7
3	4	2	7	6	8	9	1	5
6	9	7	1	5	2	3	8	4
1	5	8	6	2	3	7	4	9
4	3	9	5	8	7	1	2	6
7	2	6	4	9	1	8	5	3

215

9	7	8	1	2	4	6	3	5
3	1	6	5	7	9	2	4	8
5	4	2	8	6	3	9	7	1
7	5	3	4	1	6	8	9	2
4	8	1	2	9	5	7	6	3
2	6	9	3	8	7	5	1	4
1	9	4	6	5	2	3	8	7
8	2	7	9	3	1	4	5	6
6	3	5	7	4	8	1	2	9

216

3	9	5	7	8	1	2	4	6
4	8	2	5	9	6	1	7	3
6	7	1	3	2	4	8	9	5
9	5	4	2	6	3	7	8	1
8	2	3	4	1	7	6	5	9
7	1	6	8	5	9	4	3	2
5	4	8	1	3	2	9	6	7
1	3	9	6	7	8	5	2	4
2	6	7	9	4	5	3	1	8

217

8	6	5	7	3	4	9	2	1
4	9	1	8	5	2	6	3	7
3	2	7	1	9	6	8	5	4
9	1	4	6	7	5	3	8	2
5	3	8	4	2	1	7	9	6
6	7	2	3	8	9	4	1	5
2	5	6	9	4	8	1	7	3
1	8	3	2	6	7	5	4	9
7	4	9	5	1	3	2	6	8

218

4	1	3	9	5	6	8	2	7
6	7	5	8	2	4	1	9	3
2	9	8	1	3	7	6	4	5
7	4	6	2	8	1	3	5	9
5	2	9	4	6	3	7	8	1
3	8	1	5	7	9	2	6	4
9	6	2	7	1	5	4	3	8
1	3	4	6	9	8	5	7	2
8	5	7	3	4	2	9	1	6

219

4	5	1	2	9	6	8	3	7
8	2	3	5	7	1	6	9	4
9	6	7	8	4	3	1	5	2
5	1	4	7	6	9	2	8	3
6	3	2	4	1	8	5	7	9
7	8	9	3	5	2	4	1	6
2	4	8	9	3	5	7	6	1
1	9	5	6	2	7	3	4	8
3	7	6	1	8	4	9	2	5

220

4	7	3	5	8	9	2	6	1
1	9	2	4	3	6	8	7	5
6	8	5	7	2	1	9	3	4
3	5	8	2	6	4	7	1	9
2	4	6	9	1	7	3	5	8
9	1	7	3	5	8	4	2	6
8	2	4	1	7	5	6	9	3
7	6	1	8	9	3	5	4	2
5	3	9	6	4	2	1	8	7

221

3	9	7	6	1	2	5	4	8
8	5	1	9	3	4	7	6	2
4	6	2	8	5	7	1	3	9
2	8	3	5	7	1	4	9	6
6	7	5	4	9	3	8	2	1
9	1	4	2	8	6	3	5	7
1	3	9	7	6	5	2	8	4
5	4	8	1	2	9	6	7	3
7	2	6	3	4	8	9	1	5

222

3	7	4	2	6	8	5	9	1
6	9	8	1	3	5	7	4	2
5	2	1	9	7	4	3	6	8
8	1	3	7	2	6	4	5	9
7	4	2	5	1	9	6	8	3
9	5	6	8	4	3	2	1	7
4	6	9	3	8	2	1	7	5
2	8	7	6	5	1	9	3	4
1	3	5	4	9	7	8	2	6

223

9	7	4	8	5	2	1	6	3
5	6	2	4	1	3	7	9	8
1	3	8	9	7	6	2	5	4
7	1	6	3	4	9	8	2	5
2	4	5	7	6	8	3	1	9
3	8	9	5	2	1	6	4	7
8	5	1	2	9	7	4	3	6
4	2	7	6	3	5	9	8	1
6	9	3	1	8	4	5	7	2

224

5	7	3	2	4	9	6	8	1
8	9	1	5	3	6	2	7	4
2	6	4	1	7	8	3	9	5
3	4	2	9	6	1	8	5	7
7	8	9	3	2	5	1	4	6
1	5	6	4	8	7	9	2	3
9	1	7	8	5	3	4	6	2
4	3	5	6	9	2	7	1	8
6	2	8	7	1	4	5	3	9

225

1	4	3	5	7	8	9	2	6
7	5	8	2	6	9	1	4	3
9	6	2	4	1	3	8	5	7
2	8	7	6	4	5	3	9	1
5	3	6	9	2	1	4	7	8
4	1	9	3	8	7	5	6	2
6	2	1	8	5	4	7	3	9
3	7	4	1	9	2	6	8	5
8	9	5	7	3	6	2	1	4

226

2	4	5	9	8	1	3	7	6
9	3	6	5	2	7	1	8	4
7	1	8	4	6	3	2	5	9
8	5	7	3	4	2	9	6	1
4	9	1	8	5	6	7	2	3
6	2	3	1	7	9	8	4	5
3	8	2	6	9	5	4	1	7
1	6	4	7	3	8	5	9	2
5	7	9	2	1	4	6	3	8

227

1	6	4	3	2	8	7	9	5
9	2	8	6	7	5	4	1	3
7	5	3	9	1	4	2	8	6
4	1	7	2	8	6	3	5	9
8	3	5	1	4	9	6	7	2
2	9	6	5	3	7	8	4	1
6	7	1	8	9	2	5	3	4
3	4	2	7	5	1	9	6	8
5	8	9	4	6	3	1	2	7

228

8	1	6	5	2	9	4	3	7
3	4	5	6	7	1	2	8	9
9	7	2	8	4	3	6	1	5
2	9	7	4	1	6	8	5	3
6	3	1	9	5	8	7	2	4
5	8	4	7	3	2	1	9	6
1	5	8	3	6	4	9	7	2
7	6	9	2	8	5	3	4	1
4	2	3	1	9	7	5	6	8

229

2	3	4	8	5	6	7	9	1
6	9	8	7	3	1	5	4	2
5	7	1	2	9	4	3	6	8
4	8	6	1	2	5	9	3	7
7	2	9	6	8	3	4	1	5
1	5	3	4	7	9	8	2	6
3	1	5	9	6	8	2	7	4
8	4	7	3	1	2	6	5	9
9	6	2	5	4	7	1	8	3

230

9	2	6	5	7	8	1	3	4
3	8	5	1	4	9	7	2	6
4	7	1	6	3	2	9	5	8
2	1	7	8	6	3	4	9	5
6	4	8	9	5	7	3	1	2
5	3	9	2	1	4	6	8	7
1	5	3	7	8	6	2	4	9
8	6	2	4	9	1	5	7	3
7	9	4	3	2	5	8	6	1

231

2	1	4	3	9	5	6	8	7
8	6	3	1	7	4	2	9	5
9	5	7	2	8	6	1	3	4
6	8	1	7	2	9	4	5	3
4	7	2	5	3	1	8	6	9
5	3	9	6	4	8	7	2	1
3	9	6	8	1	7	5	4	2
7	2	8	4	5	3	9	1	6
1	4	5	9	6	2	3	7	8

232

3	9	4	7	5	2	8	6	1
2	7	1	6	8	4	3	5	9
6	5	8	1	9	3	4	2	7
7	8	6	2	3	9	5	1	4
1	2	5	8	4	7	6	9	3
4	3	9	5	6	1	2	7	8
8	1	2	4	7	5	9	3	6
9	4	7	3	2	6	1	8	5
5	6	3	9	1	8	7	4	2

233

2	6	4	1	7	9	3	8	5
3	5	1	8	6	2	4	9	7
9	7	8	5	3	4	2	1	6
4	2	3	6	9	1	5	7	8
7	8	9	3	4	5	6	2	1
5	1	6	7	2	8	9	4	3
1	9	5	4	8	3	7	6	2
6	3	2	9	1	7	8	5	4
8	4	7	2	5	6	1	3	9

234

6	1	5	3	7	9	8	4	2
7	9	3	8	4	2	6	1	5
4	2	8	6	1	5	3	7	9
9	7	6	4	5	3	1	2	8
5	8	1	7	2	6	9	3	4
2	3	4	1	9	8	7	5	6
3	4	9	2	6	1	5	8	7
8	6	2	5	3	7	4	9	1
1	5	7	9	8	4	2	6	3

235

3	2	8	7	4	9	1	5	6
7	6	9	5	1	2	8	3	4
1	4	5	6	3	8	9	7	2
8	9	4	1	5	3	2	6	7
6	5	3	9	2	7	4	1	8
2	1	7	4	8	6	3	9	5
9	8	2	3	7	5	6	4	1
5	3	1	8	6	4	7	2	9
4	7	6	2	9	1	5	8	3

236

5	9	4	7	3	6	2	8	1
6	7	1	2	9	8	4	3	5
2	3	8	4	1	5	7	6	9
3	4	6	8	7	1	5	9	2
1	2	5	6	4	9	8	7	3
7	8	9	5	2	3	1	4	6
8	6	2	3	5	7	9	1	4
9	5	7	1	6	4	3	2	8
4	1	3	9	8	2	6	5	7

237

7	5	8	6	3	2	1	9	4
6	2	4	9	7	1	3	8	5
3	1	9	5	8	4	6	2	7
1	6	7	3	4	9	2	5	8
5	9	3	8	2	6	7	4	1
8	4	2	1	5	7	9	6	3
9	8	1	7	6	5	4	3	2
2	7	5	4	9	3	8	1	6
4	3	6	2	1	8	5	7	9

238

5	6	7	2	4	8	3	1	9
2	4	1	7	9	3	8	6	5
9	8	3	6	1	5	4	2	7
6	9	4	8	3	2	7	5	1
7	1	8	9	5	6	2	3	4
3	5	2	1	7	4	6	9	8
1	2	9	3	8	7	5	4	6
4	7	6	5	2	1	9	8	3
8	3	5	4	6	9	1	7	2

239

7	5	4	2	3	8	1	9	6
3	6	8	5	1	9	4	7	2
2	1	9	6	7	4	5	3	8
4	3	1	7	5	6	8	2	9
9	8	2	3	4	1	7	6	5
5	7	6	9	8	2	3	1	4
8	2	3	4	6	7	9	5	1
6	4	7	1	9	5	2	8	3
1	9	5	8	2	3	6	4	7

240

8	4	5	9	7	6	3	2	1
1	7	2	4	5	3	8	9	6
6	3	9	2	1	8	7	4	5
2	5	1	8	6	4	9	7	3
3	9	7	5	2	1	6	8	4
4	8	6	3	9	7	1	5	2
5	2	8	1	3	9	4	6	7
9	6	3	7	4	5	2	1	8
7	1	4	6	8	2	5	3	9

241

1	3	5	4	9	6	7	2	8
4	6	7	8	3	2	5	9	1
9	2	8	5	7	1	3	6	4
8	5	6	2	1	7	9	4	3
7	4	9	3	8	5	6	1	2
2	1	3	9	6	4	8	7	5
6	9	2	1	5	3	4	8	7
3	7	1	6	4	8	2	5	9
5	8	4	7	2	9	1	3	6

242

4	2	8	9	3	6	1	7	5
5	3	7	1	8	2	4	6	9
6	1	9	5	7	4	3	8	2
2	7	4	6	1	8	5	9	3
8	9	1	4	5	3	6	2	7
3	6	5	2	9	7	8	4	1
9	4	3	8	2	1	7	5	6
1	5	6	7	4	9	2	3	8
7	8	2	3	6	5	9	1	4

243

4	8	5	2	1	7	6	3	9
3	7	9	6	8	5	1	2	4
1	2	6	4	9	3	7	8	5
5	1	4	8	3	6	9	7	2
2	3	8	9	7	4	5	1	6
9	6	7	1	5	2	3	4	8
6	5	1	7	2	8	4	9	3
8	9	3	5	4	1	2	6	7
7	4	2	3	6	9	8	5	1

244

7	4	2	6	1	5	9	8	3
1	8	3	2	9	7	5	4	6
5	6	9	8	4	3	2	1	7
4	3	8	7	5	1	6	2	9
2	7	6	4	8	9	1	3	5
9	1	5	3	6	2	4	7	8
3	9	7	5	2	4	8	6	1
8	2	1	9	7	6	3	5	4
6	5	4	1	3	8	7	9	2

245

8	7	5	9	2	4	1	6	3
2	3	4	8	6	1	9	7	5
9	1	6	3	5	7	8	4	2
3	9	8	6	4	2	5	1	7
5	6	2	1	7	9	4	3	8
1	4	7	5	3	8	6	2	9
4	8	3	2	9	6	7	5	1
7	2	9	4	1	5	3	8	6
6	5	1	7	8	3	2	9	4

246

1	2	6	8	9	5	7	4	3
4	7	8	6	2	3	9	5	1
5	3	9	7	4	1	2	8	6
6	1	7	2	5	9	4	3	8
9	5	3	4	6	8	1	2	7
8	4	2	1	3	7	5	6	9
3	9	4	5	1	6	8	7	2
2	8	1	3	7	4	6	9	5
7	6	5	9	8	2	3	1	4

247

9	8	2	6	5	7	1	3	4
7	3	5	1	8	4	2	6	9
6	1	4	9	2	3	7	8	5
5	2	7	3	6	9	4	1	8
3	9	8	5	4	1	6	7	2
1	4	6	8	7	2	5	9	3
8	7	1	2	3	5	9	4	6
4	5	3	7	9	6	8	2	1
2	6	9	4	1	8	3	5	7

248

2	5	7	6	8	3	9	1	4
1	6	4	5	2	9	3	7	8
3	8	9	1	7	4	2	5	6
5	4	8	9	3	6	1	2	7
6	1	2	7	5	8	4	9	3
7	9	3	4	1	2	6	8	5
9	2	5	3	6	7	8	4	1
8	3	1	2	4	5	7	6	9
4	7	6	8	9	1	5	3	2

249

4	8	1	5	9	7	2	3	6
7	5	6	4	3	2	9	8	1
9	2	3	1	8	6	7	4	5
5	3	8	9	6	1	4	2	7
6	9	4	7	2	8	5	1	3
2	1	7	3	5	4	8	6	9
1	4	9	8	7	3	6	5	2
8	7	2	6	1	5	3	9	4
3	6	5	2	4	9	1	7	8

250

4	8	9	1	7	3	5	6	2
7	3	6	5	2	4	9	1	8
5	2	1	9	8	6	4	3	7
9	4	8	6	3	1	7	2	5
6	5	3	2	4	7	8	9	1
2	1	7	8	5	9	3	4	6
8	6	2	3	9	5	1	7	4
3	7	5	4	1	2	6	8	9
1	9	4	7	6	8	2	5	3

251

7	9	1	8	2	3	6	4	5
3	8	6	5	4	1	9	7	2
5	4	2	6	7	9	3	1	8
9	5	4	7	8	6	1	2	3
6	7	3	2	1	5	4	8	9
1	2	8	9	3	4	5	6	7
4	1	7	3	9	2	8	5	6
2	3	5	4	6	8	7	9	1
8	6	9	1	5	7	2	3	4

252

7	9	6	4	5	2	1	8	3
5	8	1	6	9	3	4	2	7
2	4	3	7	8	1	9	5	6
6	2	8	9	3	5	7	4	1
1	7	9	8	4	6	5	3	2
4	3	5	1	2	7	6	9	8
9	5	7	3	1	8	2	6	4
3	6	4	2	7	9	8	1	5
8	1	2	5	6	4	3	7	9

253

1	6	9	8	5	2	7	4	3
4	5	8	3	7	1	2	9	6
3	7	2	4	9	6	1	5	8
7	8	3	5	1	4	9	6	2
6	1	4	2	8	9	5	3	7
2	9	5	7	6	3	4	8	1
8	4	6	1	2	5	3	7	9
9	3	1	6	4	7	8	2	5
5	2	7	9	3	8	6	1	4

254

4	3	9	8	1	6	2	5	7
7	8	5	2	3	9	4	1	6
1	2	6	4	7	5	3	8	9
9	7	2	5	8	1	6	3	4
3	5	1	6	4	2	9	7	8
8	6	4	7	9	3	1	2	5
5	1	3	9	6	7	8	4	2
2	9	8	3	5	4	7	6	1
6	4	7	1	2	8	5	9	3

255

2	5	3	1	7	9	8	4	6
1	7	8	6	4	3	2	5	9
4	9	6	5	8	2	1	7	3
3	4	5	7	6	1	9	2	8
6	2	9	4	3	8	7	1	5
7	8	1	2	9	5	6	3	4
9	3	7	8	2	4	5	6	1
8	1	2	3	5	6	4	9	7
5	6	4	9	1	7	3	8	2

256

3	9	1	6	2	5	4	8	7
6	7	8	3	1	4	9	5	2
5	4	2	9	8	7	1	6	3
7	6	4	1	5	8	2	3	9
2	5	9	7	4	3	8	1	6
1	8	3	2	9	6	7	4	5
9	2	5	4	6	1	3	7	8
8	1	7	5	3	9	6	2	4
4	3	6	8	7	2	5	9	1

257

9	4	7	5	8	2	6	1	3
5	6	3	4	1	7	8	9	2
8	1	2	6	9	3	7	4	5
6	7	8	2	5	9	1	3	4
2	3	5	1	4	6	9	7	8
4	9	1	7	3	8	5	2	6
3	8	6	9	2	1	4	5	7
7	5	9	3	6	4	2	8	1
1	2	4	8	7	5	3	6	9

258

4	7	1	2	8	6	3	9	5
3	9	8	5	1	7	2	4	6
2	5	6	4	3	9	8	7	1
8	1	9	6	7	5	4	2	3
5	2	3	1	4	8	7	6	9
6	4	7	9	2	3	5	1	8
1	3	5	7	9	4	6	8	2
7	8	2	3	6	1	9	5	4
9	6	4	8	5	2	1	3	7

259

2	7	4	6	3	1	9	5	8
9	8	6	5	4	2	3	1	7
5	1	3	7	9	8	6	4	2
7	5	1	8	6	4	2	3	9
4	6	9	3	2	7	5	8	1
3	2	8	1	5	9	4	7	6
8	4	2	9	1	3	7	6	5
6	9	7	4	8	5	1	2	3
1	3	5	2	7	6	8	9	4

260

4	7	2	5	8	1	3	6	9
8	6	3	2	4	9	7	1	5
5	9	1	3	7	6	8	2	4
7	1	4	9	6	3	2	5	8
9	5	6	8	2	7	1	4	3
2	3	8	1	5	4	6	9	7
1	8	9	4	3	2	5	7	6
3	4	7	6	1	5	9	8	2
6	2	5	7	9	8	4	3	1

261

7	6	1	2	3	9	4	5	8
5	3	2	4	8	1	7	6	9
8	4	9	7	6	5	2	3	1
4	1	6	9	2	7	3	8	5
3	5	7	8	1	4	6	9	2
9	2	8	6	5	3	1	7	4
2	7	3	1	9	8	5	4	6
1	9	5	3	4	6	8	2	7
6	8	4	5	7	2	9	1	3

262

7	8	5	6	4	9	1	3	2
6	4	3	5	1	2	7	9	8
1	9	2	8	7	3	4	5	6
2	3	8	7	6	4	5	1	9
5	7	6	3	9	1	8	2	4
9	1	4	2	8	5	3	6	7
4	6	1	9	5	7	2	8	3
3	5	9	4	2	8	6	7	1
8	2	7	1	3	6	9	4	5

263

4	9	1	7	8	6	2	5	3
6	5	2	1	3	4	8	7	9
7	8	3	9	2	5	1	6	4
3	2	5	8	4	7	6	9	1
8	7	4	6	1	9	5	3	2
9	1	6	2	5	3	7	4	8
5	4	8	3	7	2	9	1	6
1	6	7	4	9	8	3	2	5
2	3	9	5	6	1	4	8	7

264

2	4	1	6	8	9	3	7	5
6	7	9	3	4	5	8	2	1
5	3	8	7	1	2	6	4	9
3	2	4	5	7	8	1	9	6
1	6	5	2	9	3	7	8	4
9	8	7	1	6	4	2	5	3
7	5	3	4	2	6	9	1	8
4	9	2	8	3	1	5	6	7
8	1	6	9	5	7	4	3	2

265

9	4	1	3	8	7	2	6	5
2	8	6	9	5	4	3	1	7
3	5	7	2	6	1	9	8	4
5	2	4	7	1	8	6	9	3
7	3	9	5	2	6	1	4	8
1	6	8	4	3	9	5	7	2
4	7	2	1	9	3	8	5	6
8	1	5	6	4	2	7	3	9
6	9	3	8	7	5	4	2	1

266

5	8	1	7	6	3	2	9	4
4	2	6	8	9	1	5	3	7
9	3	7	4	2	5	6	8	1
1	7	5	3	8	4	9	2	6
6	4	3	9	1	2	7	5	8
8	9	2	6	5	7	4	1	3
7	5	4	2	3	8	1	6	9
3	1	9	5	4	6	8	7	2
2	6	8	1	7	9	3	4	5

267

1	8	9	6	2	5	3	7	4
7	3	2	4	1	8	9	5	6
4	6	5	3	7	9	8	1	2
9	7	3	5	4	1	6	2	8
8	5	1	9	6	2	4	3	7
6	2	4	8	3	7	1	9	5
3	1	7	2	8	6	5	4	9
2	9	6	1	5	4	7	8	3
5	4	8	7	9	3	2	6	1

268

6	2	5	8	3	7	9	1	4
3	1	9	4	2	6	5	8	7
7	4	8	9	5	1	6	3	2
2	7	6	1	9	4	3	5	8
8	9	4	3	7	5	1	2	6
5	3	1	6	8	2	7	4	9
1	8	7	2	6	3	4	9	5
4	6	2	5	1	9	8	7	3
9	5	3	7	4	8	2	6	1

269

6	3	8	7	4	2	5	9	1
1	2	4	5	8	9	3	7	6
5	7	9	6	3	1	8	4	2
2	8	7	1	9	6	4	5	3
9	5	1	3	7	4	2	6	8
3	4	6	8	2	5	7	1	9
8	6	5	2	1	7	9	3	4
7	9	2	4	6	3	1	8	5
4	1	3	9	5	8	6	2	7

270

2	9	7	1	5	3	8	4	6
8	1	6	2	7	4	5	9	3
4	5	3	9	8	6	7	2	1
1	7	4	3	6	9	2	5	8
6	2	5	7	4	8	1	3	9
9	3	8	5	2	1	4	6	7
3	8	9	4	1	5	6	7	2
7	4	1	6	9	2	3	8	5
5	6	2	8	3	7	9	1	4

271

9	5	4	7	2	3	8	6	1
2	1	8	5	6	9	4	7	3
3	6	7	4	1	8	5	9	2
5	4	9	2	7	1	3	8	6
7	2	3	6	8	5	1	4	9
6	8	1	9	3	4	7	2	5
4	7	5	1	9	6	2	3	8
8	9	2	3	5	7	6	1	4
1	3	6	8	4	2	9	5	7

272

4	7	3	1	8	9	6	5	2
1	2	9	6	4	5	8	7	3
8	6	5	2	3	7	9	4	1
9	4	2	5	1	6	7	3	8
3	1	8	7	2	4	5	6	9
6	5	7	8	9	3	2	1	4
2	8	6	4	7	1	3	9	5
7	3	4	9	5	8	1	2	6
5	9	1	3	6	2	4	8	7

273

2	5	9	4	6	3	8	1	7
3	1	7	9	8	2	5	4	6
4	6	8	1	5	7	9	2	3
9	3	5	2	1	6	4	7	8
6	7	2	8	3	4	1	9	5
8	4	1	5	7	9	3	6	2
1	9	3	6	2	5	7	8	4
5	2	4	7	9	8	6	3	1
7	8	6	3	4	1	2	5	9

274

4	7	6	1	8	5	3	9	2
1	5	2	7	3	9	6	4	8
9	3	8	6	4	2	5	7	1
8	4	5	9	2	3	1	6	7
7	6	3	5	1	8	4	2	9
2	1	9	4	6	7	8	5	3
6	2	4	8	7	1	9	3	5
3	9	1	2	5	6	7	8	4
5	8	7	3	9	4	2	1	6

275

8	3	1	7	5	6	9	4	2
5	9	6	4	2	1	8	3	7
7	2	4	9	3	8	5	6	1
2	1	5	3	8	4	7	9	6
9	6	3	1	7	2	4	5	8
4	8	7	6	9	5	1	2	3
1	7	2	5	4	3	6	8	9
3	5	9	8	6	7	2	1	4
6	4	8	2	1	9	3	7	5

276

4	5	1	8	9	3	2	7	6
2	8	3	6	4	7	9	5	1
6	9	7	5	1	2	4	8	3
8	2	4	9	3	1	7	6	5
7	1	5	2	6	8	3	4	9
9	3	6	4	7	5	1	2	8
3	7	8	1	5	4	6	9	2
5	4	9	3	2	6	8	1	7
1	6	2	7	8	9	5	3	4

277

5	9	7	2	8	3	6	4	1
2	6	3	7	4	1	8	9	5
8	1	4	9	5	6	2	7	3
3	2	8	4	6	5	9	1	7
6	7	1	3	9	2	4	5	8
4	5	9	1	7	8	3	6	2
7	3	6	8	1	4	5	2	9
1	4	2	5	3	9	7	8	6
9	8	5	6	2	7	1	3	4

278

4	5	7	1	2	3	6	8	9
3	2	8	5	9	6	7	4	1
1	9	6	7	4	8	2	3	5
8	3	9	4	6	1	5	2	7
2	4	5	9	3	7	1	6	8
7	6	1	2	8	5	3	9	4
5	8	2	3	1	9	4	7	6
9	1	4	6	7	2	8	5	3
6	7	3	8	5	4	9	1	2

279

8	1	3	7	4	5	2	9	6
5	4	7	6	9	2	3	8	1
6	9	2	1	8	3	4	5	7
2	8	1	5	6	4	9	7	3
7	3	9	2	1	8	6	4	5
4	6	5	9	3	7	1	2	8
9	2	8	3	5	1	7	6	4
1	7	4	8	2	6	5	3	9
3	5	6	4	7	9	8	1	2

280

1	3	6	8	7	2	4	9	5
2	8	5	9	1	4	7	3	6
4	7	9	5	3	6	2	1	8
6	4	3	1	2	9	5	8	7
7	2	8	4	5	3	1	6	9
9	5	1	7	6	8	3	4	2
5	1	4	6	8	7	9	2	3
3	6	7	2	9	1	8	5	4
8	9	2	3	4	5	6	7	1

281

7	9	5	8	6	2	4	3	1
3	6	1	9	4	7	8	5	2
4	8	2	3	1	5	6	7	9
1	2	8	6	5	4	7	9	3
6	3	7	2	9	8	1	4	5
9	5	4	7	3	1	2	6	8
8	7	3	5	2	6	9	1	4
5	1	6	4	8	9	3	2	7
2	4	9	1	7	3	5	8	6

282

6	7	1	9	5	2	4	8	3
3	5	2	4	1	8	6	9	7
9	8	4	7	6	3	5	2	1
4	1	9	6	2	5	3	7	8
5	6	3	8	7	1	9	4	2
7	2	8	3	9	4	1	6	5
2	4	5	1	8	9	7	3	6
8	3	7	5	4	6	2	1	9
1	9	6	2	3	7	8	5	4

283

2	4	5	9	3	6	7	1	8
8	9	6	1	4	7	2	3	5
1	3	7	2	8	5	9	4	6
6	8	3	7	5	1	4	2	9
7	5	9	4	2	8	1	6	3
4	2	1	3	6	9	5	8	7
9	6	8	5	1	2	3	7	4
3	7	2	6	9	4	8	5	1
5	1	4	8	7	3	6	9	2

284

2	3	6	8	7	1	9	4	5
7	5	9	6	4	3	2	1	8
1	8	4	5	2	9	3	6	7
9	6	5	2	1	8	4	7	3
8	1	3	4	9	7	5	2	6
4	7	2	3	6	5	8	9	1
6	9	8	7	3	4	1	5	2
3	4	7	1	5	2	6	8	9
5	2	1	9	8	6	7	3	4

285

1	3	2	8	6	7	4	9	5
9	6	4	5	1	2	7	3	8
8	5	7	4	3	9	2	1	6
4	8	1	7	9	3	5	6	2
3	7	6	2	5	1	8	4	9
2	9	5	6	4	8	1	7	3
5	1	3	9	2	4	6	8	7
6	4	8	3	7	5	9	2	1
7	2	9	1	8	6	3	5	4

286

4	8	1	3	2	5	7	9	6
7	3	6	9	8	1	2	4	5
5	9	2	4	6	7	8	3	1
9	5	3	6	7	4	1	8	2
6	2	4	5	1	8	3	7	9
8	1	7	2	9	3	5	6	4
1	4	5	8	3	9	6	2	7
2	7	8	1	4	6	9	5	3
3	6	9	7	5	2	4	1	8

287

9	6	2	7	3	4	8	1	5
7	1	8	6	2	5	3	9	4
3	5	4	9	8	1	2	7	6
6	2	9	4	5	3	1	8	7
4	8	1	2	9	7	5	6	3
5	7	3	8	1	6	4	2	9
2	3	5	1	7	9	6	4	8
8	9	6	5	4	2	7	3	1
1	4	7	3	6	8	9	5	2

288

1	3	5	7	6	9	2	4	8
7	4	8	3	2	5	6	9	1
9	2	6	4	1	8	5	7	3
4	6	3	1	8	7	9	2	5
2	8	1	5	9	6	4	3	7
5	7	9	2	3	4	8	1	6
8	5	7	9	4	3	1	6	2
3	9	2	6	5	1	7	8	4
6	1	4	8	7	2	3	5	9

289

7	6	3	2	9	4	1	5	8
2	9	8	1	3	5	6	7	4
1	4	5	8	7	6	9	2	3
4	7	6	3	8	2	5	9	1
8	3	9	6	5	1	7	4	2
5	1	2	9	4	7	3	8	6
9	2	4	5	1	3	8	6	7
3	8	7	4	6	9	2	1	5
6	5	1	7	2	8	4	3	9

290

7	3	9	2	8	6	4	1	5
4	1	2	7	5	9	6	3	8
8	5	6	3	1	4	9	2	7
5	7	1	9	2	8	3	4	6
2	8	3	4	6	5	7	9	1
6	9	4	1	7	3	8	5	2
9	6	5	8	4	1	2	7	3
3	2	8	5	9	7	1	6	4
1	4	7	6	3	2	5	8	9

291

8	2	3	5	9	1	7	6	4
5	1	4	7	6	8	9	2	3
9	6	7	3	2	4	1	5	8
1	5	6	9	4	3	8	7	2
4	8	9	2	7	5	6	3	1
3	7	2	1	8	6	4	9	5
2	4	8	6	3	7	5	1	9
7	3	5	8	1	9	2	4	6
6	9	1	4	5	2	3	8	7

292

5	1	4	8	7	3	9	6	2
2	8	7	6	1	9	5	4	3
3	9	6	2	4	5	1	8	7
7	6	2	9	3	4	8	5	1
1	5	3	7	8	6	2	9	4
8	4	9	5	2	1	7	3	6
9	7	8	3	6	2	4	1	5
4	3	5	1	9	7	6	2	8
6	2	1	4	5	8	3	7	9

293

4	5	1	3	2	7	9	8	6
3	2	7	6	9	8	5	1	4
8	6	9	4	5	1	2	7	3
6	1	2	8	3	9	4	5	7
9	4	5	7	1	2	6	3	8
7	8	3	5	6	4	1	9	2
1	7	4	9	8	6	3	2	5
5	9	8	2	4	3	7	6	1
2	3	6	1	7	5	8	4	9

294

2	4	3	6	7	8	5	1	9
1	6	5	9	3	4	7	2	8
7	9	8	5	1	2	4	3	6
9	5	1	7	4	6	3	8	2
6	8	4	2	9	3	1	7	5
3	7	2	1	8	5	6	9	4
5	2	7	3	6	9	8	4	1
8	3	9	4	5	1	2	6	7
4	1	6	8	2	7	9	5	3

295

4	2	7	6	3	5	9	8	1
5	6	1	9	8	7	3	4	2
3	9	8	1	2	4	5	6	7
8	4	3	7	6	9	2	1	5
6	7	2	8	5	1	4	3	9
9	1	5	2	4	3	6	7	8
1	8	4	3	9	2	7	5	6
2	5	6	4	7	8	1	9	3
7	3	9	5	1	6	8	2	4

296

4	1	5	9	7	8	3	2	6
7	2	3	6	1	4	8	9	5
6	9	8	5	3	2	4	7	1
2	8	6	1	4	9	7	5	3
5	3	7	2	8	6	9	1	4
9	4	1	3	5	7	2	6	8
3	6	9	8	2	1	5	4	7
1	5	4	7	9	3	6	8	2
8	7	2	4	6	5	1	3	9

297

6	8	1	4	7	9	5	2	3
7	9	5	3	2	8	4	6	1
2	4	3	1	5	6	8	7	9
4	6	8	9	3	2	1	5	7
3	1	7	6	4	5	9	8	2
9	5	2	8	1	7	3	4	6
1	2	4	7	8	3	6	9	5
8	7	6	5	9	1	2	3	4
5	3	9	2	6	4	7	1	8

298

11	9	3	6	1	10	2	8	7	12	5	4
4	5	10	1	9	7	3	12	11	6	2	8
2	12	8	7	5	6	4	11	9	10	1	3
10	8	12	2	7	1	11	4	6	3	9	5
6	4	5	3	8	12	9	2	1	11	7	10
7	1	11	9	6	3	10	5	4	8	12	2
3	10	6	4	2	9	7	1	12	5	8	11
9	11	7	5	12	4	8	3	2	1	10	6
12	2	1	8	11	5	6	10	3	7	4	9
5	7	2	10	4	11	12	6	8	9	3	1
1	6	4	12	3	8	5	9	10	2	11	7
8	3	9	11	10	2	1	7	5	4	6	12

299

5	7	12	6	11	9	3	8	1	2	4	10
10	1	4	3	5	2	12	7	9	6	8	11
9	11	8	2	10	6	4	1	12	3	7	5
1	12	9	10	4	5	11	3	6	8	2	7
7	2	3	5	8	1	9	6	4	11	10	12
4	6	11	8	12	10	7	2	5	1	9	3
2	9	10	1	7	8	6	5	3	12	11	4
11	3	5	7	9	4	1	12	2	10	6	8
8	4	6	12	2	3	10	11	7	5	1	9
6	5	7	11	1	12	8	4	10	9	3	2
12	10	1	4	3	11	2	9	8	7	5	6
3	8	2	9	6	7	5	10	11	4	12	1

300

9	7	1	12	8	3	6	5	2	10	4	11
4	8	6	3	11	2	1	10	9	5	12	7
10	11	5	2	4	7	9	12	8	3	6	1
5	2	7	9	3	11	8	6	1	12	10	4
12	4	8	6	1	10	5	7	3	11	2	9
3	1	11	10	2	4	12	9	5	8	7	6
2	12	3	8	5	6	4	11	7	9	1	10
11	9	10	7	12	8	2	1	4	6	3	5
6	5	4	1	7	9	10	3	12	2	11	8
8	3	9	11	10	12	7	4	6	1	5	2
1	6	12	4	9	5	11	2	10	7	8	3
7	10	2	5	6	1	3	8	11	4	9	12